Nikolaus Münster

Acht Jahre Haft unter dem Hakenkreuz

Zwischen Widerstand und Lebenshunger

Eine Familiengeschichte

Henrich **/9** Editionen

Impressum

Acht Jahre Haft unter dem Hakenkreuz
Zwischen Widerstand und Lebenshunger
Eine Familiengeschichte

ISBN 978-3-96320-050-2

© 2020 Henrich Editionen,
ein Unternehmen der Henrich Druck + Medien GmbH, Frankfurt am Main

1. Auflage 2020

Titelillustration: @panaceaart- stock.adobe.com

Gesamtherstellung und Verlag:
Henrich Druck + Medien GmbH, Frankfurt am Main
Layout: Henrich Druck + Medien

www.henrich-editionen.de

Für Thomas

9. Oktober 1948 – 23. Februar 2015

Inhalt

Teil II: Lilly

Teil III: Arnold und Lilly

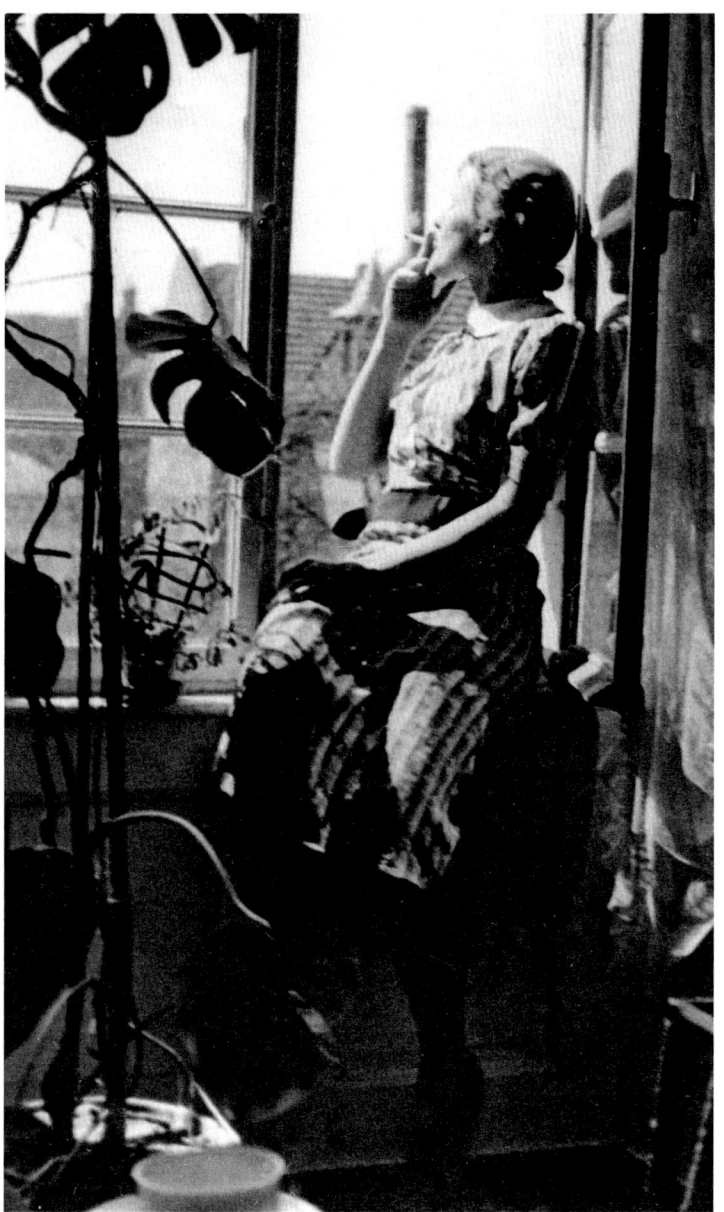

Zwei gegensätzliche Charaktere:
Der Widerstandskämpfer und die Wegseherin

Lilly ist ein Knaller, eine sehr besondere Frau. Sie versteht sich immer als emanzipiert und tut viel dafür, ihren eigenen Weg zu gehen. Stärke zeigen und sich auch gegenüber dominanten Menschen zu behaupten, das beherrscht sie hervorragend. Schwäche bei sich oder bei anderen verachtet sie. In dieser Hinsicht prägt sie die nationalsozialistische Geisteshaltung der Dreißiger- und Vierzigerjahre. Als sie sich im zarten Alter von 88 Jahren einen Oberschenkelhalsbruch zuzieht, wehrt sie sich zunächst heftig dagegen, mit dem Krankentransport ins Hospital gefahren zu werden. „Die paar Schritte werde ich ja wohl noch selber gehen können. Was sollen denn die Nachbarn denken, wenn ich hier rausgetragen werde!" Typisch Lilly.

Ihr fester Wille, die Freuden des Lebens unbedingt auszukosten, lässt sie stets als selbstbewusste Frau agieren. Der klaren Ansage ihres Vaters, heiraten dürfe sie erst, wenn das Studium abgeschlossen sei, entzieht sie sich, indem sie ein möglichst kurzes Studium wählt und Kieferorthopädin wird. Für Politik interessiert sie sich nicht. Von den Gräueltaten und dem Terror der Nazis will sie nichts wissen. 1940 bekommt sie einen unehelichen Sohn von einem führenden nationalsozialistischen Frauenarzt. Der Kindsvater verspricht ihr, sie zu heiraten, lässt dem aber keine Taten folgen, da seine Frau einer Scheidung nicht zustimmt. Eine schwierige Situation für Lilly: unverheiratet und ein uneheliches Kind. Ihren Gegenpart und Ehemann findet sie in Arnold Münster, der im Widerstand war und acht Jahre Zuchthaus verbüßt hat. Der Dominanz des starken Ehemannes widersetzt sie sich. Sie betreibt zielstrebig eine kieferorthopädische Praxis, die jedoch erst in den Sechzigerjahren so erfolgreich ist, dass sie von ihrem Mann wirtschaftlich unabhängig wird, nicht mehr um das Haushaltsgeld verhandeln muss und sich sogar einen eigenen Wagen kaufen kann, einen lindgrünen VW-Käfer. Ein deutliches Zeichen ihrer Unabhängigkeit.

In allen Zeiten versucht sie erfolgreich, das Beste aus der jeweiligen Situation zu machen. Ihre unbändige Lebenslust und Neugier bewahrt sie sich bis ins hohe Alter. Noch mit Ende achtzig unternimmt sie auf eigene Faust eine Polenreise mit dem Auto. Schnittige Sportcoupés erfreuen ihr Herz. Attraktiven Männern ist sie nie abgeneigt. Und die wöchentlichen Mittagessen mit ihrer besten Freundin Annelies bei dem Nobel-Italiener in der Innenstadt sind legendär. Das Personal begrüßt die beiden betagten Frauen stets mit italienischem Charme: „Buon giorno! Die schönsten Frauen Frankfurts." Sie nehmen die Empfehlungen des Tages, zu denen stets eine Flasche Schampus und ein italienischer Weißwein hervorragend passen. Beschwingt von köstlichem Essen, angeregter und lästernder Unterhaltung und ein wenig beschwipst verlassen sie dann das Lokal und schwingen sich in ein Taxi – dem Mittagschlaf entgegen.

Lilly weiß immer, was gut und was fein ist: Champagner, Hummer und Kaviar. Kein runder Geburtstag ohne diese Insignien der gehobenen Gesellschaft. Um dem kleinen, acht Jahr jüngeren Bruder Hans auch im fortgeschrittenen Alter einen Wink mit dem Zaunpfahl zu geben, schenkt sie ihm zu seinem 70. Geburtstag eine große Dose Kaviar. Dass er diese mit seiner Familie teilt und nicht alleine verspeist, verübelt sie ihm als kleinbürgerliches Verhalten.

Von starken Persönlichkeiten lässt sie sich gerne faszinieren. Der Vater ihres ersten Sohnes ist der charismatische Leiter der Heidelberger Frauenklinik, ihr Mann Arnold eine herausragende wissenschaftliche und kulturelle Persönlichkeit. Sie liebt die polternde Art des Literaturkritikers Reich-Ranicki und besucht gerne seine Vorträge. Obwohl immer treue CDU-Wählerin, nimmt sie nach dem Tod ihres Mannes Arnold an Kundgebungen mit Joschka Fischer – dem Spitzenkandidaten der Grünen – teil und lässt sich begeistern.

Von Kindesbeinen an ist Lilly es gewohnt, mit hochgestellten Persönlichkeiten zu verkehren. Sie liebt das und versteht sich darin auch sehr gut. Sie geht bei der Familie des Generaldirektors der Bismarckhütte ein und aus, sie verkehrt auf Empfehlung des von ihr verehrten Onkels Ludwig Curtius in den Gelehrtenkreisen der Heidelberger Universität und nach dem Krieg besteht der Freundeskreis von Arnold und Lilly aus herausragenden Wissenschaftlern und Führungskräften der Wirtschaft.

Großen Wert legt sie darauf, sich zu verhalten, comme il faut. Diese Karte spielt sie gerne und sie ist eine Meisterin darin, im richtigen Moment den richtigen Satz zu platzieren. Als kulturliebende und gebildete Frau verfügt sie über ein breit gefächertes Wissen und ein ebensolches Halbwissen – mit beidem hantiert sie recht geschickt. Ihr selbstbewusstes Auftreten ist aber auch begleitet von einer gewissen Bescheidenheit. Anerkennung oder Lob kann sie gar nicht verknusen.

Um ihr eigenes aufregendes Leben macht sie nie viel Aufhebens und erzählt darüber eigentlich auch nichts. Die Söhne bleiben lediglich mit einem Strauß von Anekdoten zurück, die die Verhältnisse nicht erklären sondern eher mystifizieren. Auf das Drängen der Söhne hin schreibt sie dann doch im hohen Alter einige Seiten nieder, mit deren Hilfe sich manche Zusammenhänge herstellen und klären lassen.

Arnold ist ein Kopf. Analytisches Denken vor allem in der Naturwissenschaft und Musik ist seine Leidenschaft. Sein Gedächtnis lässt Bewunderung aufkommen, wenn er ein Gedicht nach ein- bis zweimaligem Lesen auswendig rezitieren kann. Er hat ein aufbegehrendes stürmisches Temperament und bewegt sich zwischen krankheitsbedingter extremer Zurückgezogenheit und ausschweifendem Leben. Tiefe Depression und überschwängliche Lebenslust sind ihm beide vertraut. Als Student entscheidet er sich nach einer kurzen Mitgliedschaft in der NSDAP für die kommunistischen Ideale und den Widerstand gegen das Hitlerregime. Es folgen die Verhaftung fast der gesamten Gruppe und für ihn acht Jahre Zuchthaus unter dramatischen Umständen. Dank der Begnadigung durch SS-Führer Heinrich Himmler überlebt er diese Zeit, muss aber anschließend noch in den Krieg ziehen. Vor seinem Einzug zur Ausbildung für das berüchtigte Bewährungsbataillon 999 trifft er in Frankfurt auf Lilly. Der Mann aus dem Widerstand verliebt sich nach acht Jahren Zuchthaus in eine Frau, die Judenverfolgung und Kriegstreiberei des Naziregimes ignoriert und ein Kind von einem nationalsozialistischen Frauenarzt hat, der führend mit der Umsetzung des Sterilisationsgesetzes von 1933 befasst ist. Er bittet Lilly um ihre Hand. Die Hochzeit findet 1944 in den rauchenden Trümmern Frankfurts statt.

Die Zeit im Zuchthaus kann ihn nicht brechen, aber sie hinterlässt ihre Spuren. Er bedeckt sie mit Schweigen, und dafür hat er viele Gründe. Nur zu gut weiß er, dass viele ehemalige Nazis in Dienst und Würden sind, mit ihren Netzwerken Macht ausüben und Menschen aus dem Widerstand weiterhin bekämpfen. Nach dem Krieg macht er eine steile Karriere als Naturwissenschaftler. Gleichzeitig ist er nun begierig, die Freuden des Lebens auszukosten, die ihm die verlorenen Jahre in Gefangenschaft und Krieg vorenthalten haben. Er liebt Lilly sehr, ist aber gut aussehenden Frauen gegenüber stets aufgeschlossen. Gegen seinen dominanten autoritären Charakter kämpft Lilly meist erfolgreich. Sie ordnet sich nicht unter. Den Kindern gegenüber nimmt er die Position des strengen, prinzipientreuen Vaters ein, der kein Zweifel an seiner Autorität zulässt. Sein Lieblingsspruch lautet: „Quod licet Jovi, non licet bovi!"[1] Gerne abgekürzt als „Quod...". Auch wenn er die Zurückgezogenheit in seiner wissenschaftlichen Arbeit und seinem Klavierspiel mag, kann er in gesellschaftlichem Rahmen zu einer einnehmenden, geistvollen und charmanten Persönlichkeit aufblühen.

Er der große Denker und zu allem entschlossene Mann des Widerstands – sie die lebensfrohe Wegseherin, deren große Liebe ein Nazi-Frauenarzt ist. Diese Extreme kommen in den Kriegszeiten zusammen, lieben sich und meistern ein langes gemeinsames Leben. Die Biografien der beiden zeigen, welche menschlichen Dramen und Glücksmomente sie durchlebt haben. An vielen Stellen ist ihr Schicksal mit Personen der Zeitgeschichte verwoben. Die Familienhistorie gewährt durch die Protagonisten auch einen persönlichen Blick auf große historische Ereignisse des vergangenen Jahrhunderts: zwei Weltkriege, Naziterror und industrielle Massenvernichtung von Millionen von Menschen und der Wiederaufbau eines Landes und einer demokratischen Gesellschaft. Arnold und Lilly haben uns Söhnen wenig überliefert. Schweigen und Verdrängen werden durch aus dem Zusammenhang gerissene Anekdoten kaschiert, die mehr verdunkeln als erhellen.

---

1 Was dem Jupiter erlaubt ist, ist dem Rindvieh noch lange nicht erlaubt.

Teil I: Arnold
Ausgerechnet der Sohn des Landgerichtspräsidenten

Am Abend des 31. Januar 1935 dringt die Geheime Staatspolizei von Münster in das Elternhaus von Arnold ein, um ihn zu verhaften. Seine Eltern sind vollkommen überrascht, sie haben keine Ahnung von den Aktivitäten des Sohnes. Arnold wird im Bericht der Gestapo vorgeworfen, die „treibende Kraft und Seele des hochverräterischen kommunistischen Unternehmens in Münster" zu sein. Er habe einzelne Zellen dazu bewegt, namhafte Geldbeträge für den Ankauf eines modernen Roto-Abziehapparates zu stiften und er habe Schulungskurse eingerichtet, in denen er Vorträge über den Kommunismus gehalten habe.[2] In Arnolds Zimmer stößt die Polizei auch auf seine Verlobte, die sechzehn Jahre alte Annemarie Heuß. Die Gestapo bescheinigt ihr eine „vollständige Verwahrlosung in moralischer und sittlicher Beziehung".[3]

Zur gleichen Zeit werden 20 weitere Verdächtige festgenommen. Von ihnen werden 17 Beschuldigte überführt, seit dem Sommer 1933 bzw. Anfang Januar 1934 fortgesetzt in „hochverräterischer Weise" tätig gewesen zu sein. Vor dem Hintergrund des katholischen Milieus in Münster heißt es bei den Gestapobeamten bei der Verhaftung der Widerstandsgruppe freudig, dass man nun „ein Exempel für das schwarze Münster" statuieren könne. Das Vorgehen gegen Staatsfeinde eigne sich als abschreckendes Beispiel und Warnung an die Adresse des politischen Katholizismus. Als Ziel wird daher auch ausgegeben,

---

2 Bundes-Archiv Berlin (BAB), R 58/2061, Bericht der Staatspolizeistelle für den Regierungsbezirk Münster an das Geheime Staatspolizeiamt Berlin vom 11.2.1935.
3 S. BAB, R 3018/(alt NJ) 10767, Stellungnahme vom 14.2.1940

„Defätisten und Kommunistenfreunde" im katholischen Milieu aufzuspüren und ihnen den Prozess zu machen.[4]

Die Verhaftung von 17 Widerstandskämpfern und ihre umgehende Verurteilung zu sehr hohen Haftstrafen von bis zu acht Jahren erregt in Münster großes Aufsehen. Arnolds Vater Rudolf, seit 17 Jahren Landgerichtspräsident in Münster, meldet sich umgehend krank und wird wenige Monate vor seiner Pensionierung aus seinem Beruf gedrängt. Außer Arnold erhält nur Heinrich Hartmann eine achtjährige Zuchthausstrafe, da er ebenfalls als führender Kopf der Gruppe eingestuft und zudem seine frühere Mitgliedschaft in der KPD als strafverschärfend gewertet wird.

Ein unbescholtener Chemie-Student aus einer ehrwürdigen, traditionsreichen, angesehenen Familie soll eine Schlüsselfigur einer Widerstandsgruppe sein. Ausgerechnet der Sohn des Landgerichtspräsidenten, der seit 1918 diese verantwortungsvolle Position innehat. Vor diesem familiären Hintergrund hat niemand Arnold eine solche Aktion zugetraut. Bei der Gestapo war er vorher nicht einschlägig bekannt. Bis dahin ist dort lediglich aufgefallen, dass Arnold die Hakenkreuzfahne nicht grüßt und den Hitlergruß ablehnt. Doch dies konnte auch seiner tiefgläubigen katholischen Familie geschuldet sein.[5]

Walter Rest, Schulfreund und Kommilitone von Arnold sowie ebenfalls verurteiltes Mitglied der Gruppe, beschreibt die Reaktionen in Münster nach dem Krieg in den Frankfurter Heften: „Da er (Arnold, N. M.) der Sohn einer sehr exponierten ka-

4   S. Dieter Wever, Zum Gedenken an Arnold Münster, in „Es ist mit einem Schlag alles so restlos vernichtet, Opfer des Nationalsozialismus an der Universität Münster", Hrsg.: Sabine Happ und Veronika Jüttemann, Münster 2018, S. 905.
5   Vgl. BAB, R 3018/(alt NJ) 10767 (Bestand Nationalsozialistische Justiz), Stellungnahme Geheime Staatspolizeiamt vom 14.2.1940.

tholischen Akademikerfamilie war, wurde der Vorfall zu einem Stadtgespräch erster Ordnung. Hier ist nun wieder besonders bemerkenswert, dass die gesamte Bürgerschaft, die im Grunde antinationalsozialistisch gesinnt war, mit starken Moralindosen über jenen ‚unglücklichen jungen Mann‘ herfiel, der – aus so guter Familie! – sich mit der KPD hatte einlassen können. Wie war das nur möglich?" Und Rest empört sich zu Recht, dass die Widerstandshandlung durch die moralische Empörung entpolitisiert wurde: „Kaum einer kam auf den Gedanken, dass sich dieser Mensch vor allem und zuerst einmal gegen den Nazismus entschieden hatte. Niemand, aber auch niemand dachte auch nur entfernt daran, die Verbindung mit der KPD als echte Entscheidung zu bewerten. Man sagte gehorsam ‚Heil Hitler!‘ und schüttelte den Kopf über den ‚missratenen Sohn‘."[6]

Arnolds Familie trifft die Verhaftung schwer. Insbesondere das Leben der Eltern gerät aus den Fugen. Aber alle ihre Reaktionen sind sehr empathisch und frei von Vorwürfen gegen den Sohn. Sein Vater Rudolf ist über die Vorgänge zutiefst erschüttert, zumal er von den Aktivitäten seines Sohnes nicht das Mindeste gewusst hat. Wenige Tage zuvor hat ihn noch der Führer zum Präsidenten der Reichsdisziplinarkammer in Münster ernannt.[7] Nach dem traumatischen Ereignis der Verhaftung seines Sohnes geht er tagsüber seinen beruflichen Pflichten nach und hält noch eine Geburtstagsrede auf einen Kollegen. Er funktioniert den Tag über wohl eher traumwandlerisch als bewusst, bevor am Abend das ganze Elend über ihn hereinbricht. Umgehend bittet er dann um Urlaub, der durch mehrere Verlängerungen bis zu seiner vorgezogenen Pensionierung Ende Juli 1935

---

6   Frankfurter Hefte, Nr. 2, Frankfurt am Main 1946, S. 6.
7   Nachlass Münster, Schreiben des Reichs- und Preußischen Ministers des Innern vom 9. Februar 1935.

dauern wird. Relativ schnell macht er sich die Interpretation zu eigen, die dann auch die Linie der Verteidigung vor Gericht bestimmen soll: Ursächlich für den Irrweg seines Sohnes sei seine Erkrankung an der Epilepsie, die zur Vereinsamung geführt habe. Erst vor diesem Hintergrund sei er für die Ideen des Kommunismus empfänglich gewesen.

Seine Mutter Auguste ist durch seine Verhaftung und Verurteilung schockiert. Auch sie macht ihm keine Vorhaltungen, sondern will für ihn leben, alles für ihn tun und mit ihrem Gottesglauben auch einen Funken Zuversicht verbreiten: „Die Schwere dieser Zeit leide ich mit Dir, mein lieber Arnold. Aber mache Dir keine Sorgen über mein Ergehen. Ich muss für Euch leben und will es, das ist das Entscheidende. Ich tue darum auch das Notwendige dazu. In der Hauptsache aber hält mich das feste Vertrauen, dass Gott uns nicht verlässt. Ja, wie Du auch sagst, später werden wir vielleicht sehen, wozu alles gut war."[8]

Sein Bruder Clemens versichert Arnold jede Hilfe und versucht, ihn vor Niedergeschlagenheit und Aufgabe zu bewahren. Noch vor der Gerichtsverhandlung schreibt er: „Deine Lage ist ziemlich abscheulich – aber Du darfst nicht vergessen, dass jede Situation nichts anderes als eine Aufgabe darstellt, die wir uns nicht aussuchen können, der wir uns oft gar nicht gewachsen fühlen und die wir doch bewältigen müssen. Von welchem Gesichtspunkt aus Du zu dieser Forderung an Dich selbst kommst, ist zunächst vollkommen gleichgültig. Zunächst besteht nur die Alternative, sich zu bewahren oder sich in seiner Haltung zu verlieren. Mensch – nichts liegt mir ferner, als Dir jetzt klug zu reden. Aber ich spüre zu genau, dass bei Leuten wie Dir und mir (und manch anderem) diese Alternative radikal gestellt ist. Im

---

8   Nachlass Münster, Brief von Auguste an Arnold vom 31.3.1935.

Übrigen darfst Du nicht die Hoffnung verlieren, dass die Sache zum Schluss doch klargeht. Du hast jetzt die Perspektive des Unterlegenen, Passiven – sie täuscht. Es gibt auf dieser Erde allerlei Wege, von denen manche auch Dir nach wie vor offenstehen."[9] Und einige Wochen später: „Es gibt genug Dinge, mit denen jeder auf seine Weise fertig werden muss: Ich bin sicher, Du wirst damit fertig werden. Aber über diese eigene und innerliche Bewältigung hinaus kannst Du Dich darauf verlassen, dass wir alle bereit sind, Dir in jeder Hinsicht zu helfen."[10]

Sein Bruder Ludwig besteht in diesen Tagen das Abitur, nach seinen Leistungen müsste das Gesamtprädikat „gut" lauten, so der Vater, aber die „Schlammwellen des hässlichen Münsteraner Klatsches" sorgen dafür, dass neben den Verfehlungen von Arnold auch die von Bruder Clemens wieder hervorgeholt werden und daher der Schuldirektor die Zensur auf „ausreichend" drückt.[11]

Die NSDAP informiert die Universitätsverwaltung über die Verhaftung von Arnold. Das Rektorat verfügt umgehend den Ausschluss vom Studium, die Relegation wegen „aktiver Betätigung im kommunistischen Sinne". Das entsprechende Schreiben erhält Arnold im Polizeigefängnis Recklinghausen. In den ersten Tagen Haft bei der Gestapo werden die Mitglieder der Gruppe geschlagen und gedemütigt. Rudolf Münster kann jedoch mildernd einwirken und dem Leiter der Gestapo-Dienststelle Günther Graf von Stosch das Versprechen abringen, dass bei den Verhören nicht mehr geschlagen wird.

---

9   Ebd., Brief von Clemens an Arnold vom 9.4.1935.
10   Ebd., Brief von Clemens an Arnold vom 1.5.1935.
11   S. Rudolf Münster, Autobiografie, Teil I, S. 99.

Das katholische Münster –
kein guter Boden für die Nazis

Das Münsterland ist für die Nationalsozialisten ein schwieriges Pflaster. In diesem Bewusstsein inszeniert die NSDAP zu den Reichstagswahlen eine Kampagne, wie man sie bis dahin in Münster noch nicht erlebt hat. Intensive Partei-Werbung geht Hand in Hand mit Terror- und Einschüchterungsaktionen gegen andere politische Organisationen. Dennoch kann sich die Zentrums-Partei gegenüber der NSDAP behaupten und bleibt stärkste Gruppierung. Oberbürgermeister und Magistrat lassen sich zunächst auch nicht von den Nazis einschüchtern. So lehnen sie einen Tag nach der Reichstagswahl vom 5. März 1933 das Ansinnen der NSDAP ab, am Rathaus Fahnen mit dem Hakenkreuz zu hissen.[12]

Allerdings setzen die Nazis ihren aggressiven Propagandafeldzug verbunden mit Gewaltaktionen für die eine Woche später stattfindenden Kommunalwahlen fort. Sie können mit einem sehr knappen Sieg über das Zentrum (NSDAP 24.318 Stimmen, Zentrum 24.042 Stimmen) einen überraschenden Erfolg verbuchen. Der Münsterische Anzeiger resümiert am 13. März: „Die rücksichtslose, das Maß des Ungewöhnlichen überschreitende Wahlpropaganda der Nationalsozialisten hat gesiegt. Weiter konnte man die Herabsetzung des politischen Gegners als Partei und Person nicht übertreiben, als es in Münster geschehen ist."[13]

Dennoch tun sich die Nazis schwer, aktive Anhänger zu finden. Große Teile der Bevölkerung zeigen eine reservierte und teilweise oppositionelle Haltung gegenüber den braunen Macht-

---

12 S. Joachim Kuropka, Münster in der nationalsozialistischen Zeit, in „Geschichte der Stadt Münster", Hrsg. Franz-Josef Jakobi, Münster 1993, S. 285.
13 Zitiert nach Kuropka s. o. S. 295.

habern. Bei den Nazis ist die Stadt als das schwarze Münster verschrien. Die Sozialdemokraten haben nur geringen Einfluss mit einer Stammwählerschaft von um die 5.000 Stimmen und die KPD liegt noch deutlich darunter.[14] Die Nazis, insbesondere die Hitlerjugend gehen aggressiv gegen katholische Vereinigungen und Versammlungen vor. Jugendheime werden aufgebrochen, Gruppenleiter verhaftet und Fahnen gestohlen. Im Juli 1934 wird verfügt, dass im Regierungsbezirk Münster katholische Jugendverbände nicht mehr öffentlich auftreten dürfen.[15]

Ihre Identifikationsfigur hat die katholische Opposition in Bischof Clemens August Graf von Galen, der im Alter von 55 Jahren 1933 das Amt übernimmt und in offene Konfrontation zu den Nazis tritt. Weltweite Beachtung finden seine Stellungnahmen gegen die Euthanasie. Einen regelrechten Eklat gibt es um das rassistische, antichristliche und antisemitische Pamphlet von Alfred Rosenberg „Der Mythus des 20. Jahrhunderts" (1934), das nach Hitlers „Mein Kampf" als das zweite Standardwerk der Nazis gilt. Die katholische Kirche setzt dieses Pamphlet im Februar 1934 auf die Liste der verbotenen Bücher, d. h., den Gläubigen wird untersagt es zu lesen.[16] Katholische Würdenträger und Professoren verfassen eine Streitschrift dagegen unter dem Titel „Studien zum Mythus des XX. Jahrhunderts". Als Kardinal Schulte sich einer Veröffentlichung widersetzt, sagt von Galen eine Publizierung als Anlage zum Kirchlichen Anzeiger Münster zu. Obwohl die Gestapo mit Beschlagnahmungen die Verbreitung zu verhindern sucht, findet die Schrift ihren Weg in die Öffentlichkeit.

---

14 S. Joachim Kuropka, Widerstand gegen den Nationalsozialismus in Münster, www.lwl.org/westfaelische-geschichte/txt/wz-9355.pdf, S. 163, aufgerufen am 12.3.2019.
15 Ebd.,
16 S. Joachim Kuropka, Meldungen aus Münster 1924–1944, Münster 1992, S. 418.

Die Predigten des Bischofs haben fast den Charakter von Kundgebungen gegen die Nazis. Die Anklagen von Galens gegen das Regime werden oft mit Beifallskundgebungen oder Buh- und Pfui-Rufen kommentiert. Die Kirche wird so zu einer wichtigen Orientierung für den Widerstand. Gottesdienste, Wallfahrten, Prozessionen erfreuen sich einer sehr regen Teilnahme. Zu zwei besonders heftigen Demonstrationen kommt es 1936, als der Bischof im Anschluss an eine Predigt vom Dom zum gegenüberliegenden Palais geht und seine Anhänger ihm mit Ovationen huldigen. Die Polizei prügelt die Versammlung auseinander und verhaftet zahlreiche Teilnehmer. Im Juli 1936 kommt ein weiterer Prozessionszug mit vielen Tausend Menschen auf dem Domplatz an. Die Polizei ist wieder aufgefahren, doch von Galen bittet die Gläubigen, ihn diesmal nicht zu begleiten, damit sich nicht wiederhole, dass harmlose Katholiken geschlagen und verhaftet werden. Daraufhin singt die Menge mit erhobener Schwurhand: „Fest soll mein Taufbund immer stehen."[17] Auf die zahlreichen Repressionen reagieren die Katholiken mit einer vermehrten Teilnahme an religiösen Zeremonien.

Der Musiker und Forscher

Arnold wird 1912 in Oberursel im Taunus geboren, im gleichen Jahr wie seine zukünftige Frau Lilly Curtius. Der eher idyllische Vorort von Frankfurt hat gerade einmal 10.000 Einwohner und der größte Industriebetrieb sind die Oberurseler Motorenwerke, die zunächst Motoren für Eisenbahnen und dann im Ersten Weltkrieg für Jagdflieger herstellen.

---

17 S. Joachim Kuropka, Galen, Wege und Irrwege der Forschung, Münster 2015, S. 74/75.

Die Ortswahl verdankt sich der beruflichen Laufbahn seines Vaters. Denn wie der Name vermuten lässt, entstammt die Familie aus Münster und dem Rheinland. Arnolds Vater Rudolf hatte durch seinen Beruf als Jurist schon etliche Stationen durchlaufen, unter anderem im Justizministerium in Berlin, als Richter in Cochem und in Koblenz, ehe er in Frankfurt im Jahr 1910 als Oberlandesgerichtsrat landet. Als „Adjutant des Behördenchefs" ist er wegen seiner umsichtigen Verwaltungstätigkeit, seines Fleißes und seiner großen Hilfsbereitschaft sehr geschätzt. Da die Mietpreise in Frankfurt recht hoch liegen, mietet Rudolf im Umland ein Einfamilienhaus mit Garten und Blick auf den Taunus. Dort lassen sich aus demselben Grund zahlreiche seiner Kollegen ebenfalls nieder.

In Oberursel führt die Familie Münster ein beschauliches und geselliges Leben. Der Vater fährt täglich nach Frankfurt zur Arbeit und die Mutter, Auguste Schlüter, widmet sich den beiden Kindern, Arnold und seinem sechs Jahre älteren Bruder Clemens. Im Jahr 1915 kommt noch als jüngster Ludwig dazu. Soweit die Familie ihr die Zeit lässt, steht Auguste an der Staffelei und gibt sich ihrer großen Leidenschaft, der Malerei, hin. Sie hat sowohl in Berlin als auch in Frankfurt private Malakademien besucht, da Frauen bei den staatlichen Einrichtungen erst von 1919 an zugelassen werden. Ihre Lehrer schätzen ihre Begabung so hoch ein, dass sie ihr nahelegen, die Kunst zu ihrem Beruf zu machen. Zunächst versucht sie, die Malerei mit der Erziehung der Kinder zu vereinbaren, doch angesichts von späteren dramatischen Entwicklungen gibt sie diese Passion auf. Leider sind nur sehr wenige Bilder von ihr erhalten. Die Familie Münster ist vor allem mit den Juristenkollegen von Rudolf aus der Nachbarschaft befreundet, mit denen sie anregende Abende verbringt. Für die Kinder ist die ländliche Umgebung ideal. Sie können auf den Feldern oder auch am Urselbach herumstreunen und sich austoben. Der Krieg belastet zumindest am Anfang den Alltag wenig, auch wenn er gelegentliche Versorgungsengpässe mit sich bringt.

Als Dreijähriger erleidet Arnold einen schweren Unfall. Sein Bruder Clemens trägt ihn auf den Schultern, stolpert dabei und beide stürzen. Arnold schlägt dabei heftig mit dem Kopf auf den Boden auf. Diese Verletzung gilt als eine mögliche Ursache für seine spätere Epilepsie, die sein Leben stark prägen sollte.

Mit noch nicht einmal drei Jahren setzt Arnold die Erwachsenen in Erstaunen, indem er vor dem Weihnachtsbaum stehend ganz alleine das Lied „Alle Jahre wieder" vollständig singt, das er nur ein paar Mal von Clemens zufällig gehört haben kann. Ein Jahr zuvor kann er sein Entzücken über die Kerzen kaum bändigen und ruft eine viertel Stunde lang „Alles Licht!". Seine Mutter befindet Jahre danach: „Das Drängen zum Licht ließ Dich später zum Forscher werden, ließ Dich das wahre Licht suchen und finden."[18] Der junge Arnold bekommt Klavierunterricht und die Musik begeistert ihn. Auch das Lesen lernt er ungewöhnlich schnell. Von Ostern 1918 an besucht er in Oberursel die Vorschule und liest nach einem halben Jahr zu seinem Vergnügen die Märchenbücher eigenständig.

Musische Neigungen und Begabungen bekommt Arnold von beiden Eltern mit. Auch wenn sein Vater Rudolf es aufgrund anderer Prioritäten auf dem Klavier nicht sehr weit bringt, so bedeutet ihm die Musik doch sehr viel. Als Kind erhält er Klavierstunde, allerdings sucht er jeden Vorwand, um dem Unterricht zu entgehen. Denn dieser findet an seinen freien Nachmittagen, vor allem auch an Sonntagnachmittagen statt. Rudolf lässt sich nur ungern seine Freizeit beschneiden. Entsprechend mager ist

---

18 Nachlass Münster, Brief von Auguste vom 19.12.1938.

dann das Ergebnis des Unterrichts, was die Motivation nicht gerade erhöht. Später bildet er sich aus eigenem Antrieb weiter, aber das Ergebnis bleibt überschaubar. Als ihn der Beruf mehr und mehr fordert, gibt er die Musik ganz auf. Er bedauert es, dass er sich von seinem Beruf so vereinnahmen lässt. Aber die Freude an Musik bleibt ihm erhalten.

Arnold stammt sowohl mütterlicher- als auch väterlicherseits aus alten Familien von Wissenschaftlern und Juristen ab. Schon Arnolds Ur-Ur-Urgroßvater Gräver war Stadtrichter von Münster. Diese Tradition setzt sich über viele Generationen bis Arnold fort, der anfangs ebenfalls Jura studiert, sich dann aber aus politischen Gründen davon ab- und den Naturwissenschaften zuwendet. Diese Tradition führen später sein Sohn Thomas und dessen Sohn Lukas fort.

Auch wenn Frankfurt nach dem Zweiten Weltkrieg durch die Zufälle des Lebens für Arnold zur neuen Heimat wird, taucht die Mainstadt schon mehrfach in der Familienchronik auf, allerdings nie als längerer Wohnsitz. Der Ur-Großvater Arnolds mütterlicherseits, Arnold Schlüter, gehörte zu den Abgeordneten der Deutschen Nationalversammlung 1848/49 in der Frankfurter Paulskirche. Der Vater von Rudolf Münster, Andreas Münster, war Reserveoffizier in der preußischen Armee und hatte die Mannschaft der Frankfurter Hauptwache befehligt. Er hatte als Landwehroffizier 1866 den Einzug der Mainarmee in Frankfurt mitgemacht, und als er der Hauptwache vorstand, erhielt er die Nachricht von der Geburt seines ersten Sohnes Ludwig. Er war von Frankfurt sehr angetan und hatte starkes Interesse für die alte Kulturstadt gewonnen, die erst allmählich von der späteren Reichshauptstadt Berlin in den Hintergrund gedrängt wurde.

Von Frankfurt nach Münster –
Umzug unter Kriegsbedingungen

In Arnolds sechstem Lebensjahr muss die Familie Frankfurt wieder verlassen, da Rudolf zum 1. Oktober 1918 als Landgerichtspräsident nach Münster berufen wird. Dies bedeutet für ihn eine Auszeichnung und eine Wertschätzung seiner Arbeit. Denn mit seinen erst 48 Jahren ist er für eine Präsidentenstellung noch ziemlich jung. Zudem wird er in der westfälischen Provinzialhauptstadt der erste katholische Präsident des Landgerichts. Das galt im preußischen Münster bis dahin als ausgeschlossen.

Unter den Widrigkeiten der letzten Kriegswochen gestaltet sich der Umzug nach Münster recht schwierig. Rudolf wohnt schon seit Anfang Oktober 1918 in Münster im Hotel Fürstenhof und seine Arbeit beansprucht ihn sehr. Die revolutionären Unruhen im Land wirken sich auf seine Tätigkeit kaum aus. Seine zurückgebliebene Familie besucht er das erste Mal im November. Abends um 21 Uhr fährt er in einem vollkommen überfüllten Zug von Münster ab und kommt am folgenden Tag nachmittags in Oberursel an. Aber trotz der Strapazen ist er glücklich, wieder einige Zeit mit Frau und Kindern zu verbringen.

Die Familie kann zunächst nicht nachziehen, da es noch keine Wohnung in Münster gibt. Zwar hat die Stadtverwaltung in der Straße Breul ein Haus für die Münsters beschlagnahmt. Aber der Rechtstitel hat keine Konsequenzen, denn noch haust dort das Militär und außerdem bereitet der Eigentümer einige Schwierigkeiten. Rudolf, der seine Familie möglichst bald wieder bei sich haben will, mietet dann eine Villa in der Südstraße. Doch auch aus diesem Projekt wird nichts. Der Eigentümer, ein Pferdehändler, wird vertragsbrüchig, seine Frau, die ein Landgut bewohnt, ist des Landlebens müde und will wieder in die Stadt ziehen. Das ist umso ärgerlicher, als Rudolf dies erst in Oberursel erfährt, wo er gerade den Umzug vorbereitet.

Da Auguste aus Oberursel über zwei Einbruchsversuche berichtet, will er die Familie dort nicht länger alleine lassen, sondern sie in jedem Fall nach Münster holen. Der Möbeltransport gelingt ohne besondere Schwierigkeiten. Aber die Reise der gesamten Familie von Oberursel nach Münster beansprucht während des Zurückflutens der Heeresmassen vier Tage: am Nachmittag Oberursel–Frankfurt a. M., dort Hotelübernachtung, um den Frühzug zu erwischen. Am zweiten Tag Frankfurt a. M.–Betzdorf, am dritten Tag Betzdorf–Hagen i. W. und am vierten Tag Hagen–Münster. Alle Züge sind erheblich verspätet und gänzlich überfüllt.

In Münster angekommen erfährt Rudolf, dass er das gemietete Haus nicht beziehen kann, da der Eigentümer sich nicht an die Vereinbarung hält. So findet die Familie als vorläufige Bleibe erst einmal eine Notunterkunft im Gebäude des Landgerichts. Der Strafkammersaal wird zum Schlafzimmer, das anstoßende Beratungszimmer fungiert als Küche, zwei weitere angrenzende Räume verwandeln sich in Wohn- und Empfangszimmer. Angesichts der Gesamtumstände empfindet Rudolf das als einen erträglichen Übergangszustand. Anfang 1919 kauft er das Haus Heerdestraße 7, das die Familie aber erst später beziehen kann, da es noch anderweitig genutzt wird.

Nach dem Umzug nach Münster im Jahr 1918 besucht Arnold bis Ostern 1921 die Domschule und ist dort einer der besten Schüler. Danach wechselt er auf das Paulinische Gymnasium und bringt auch von dort hervorragende Noten nach Hause. Mit seinen Mitschülern kommt er gut aus, hat aber in seiner Freizeit wenig Kontakt mit seinen Altersgenossen. Seine Passion gilt dem Lesen und dem Klavierspiel.

Ein leeres Blatt als Schulaufsatz

Eine Wende in Arnolds Leben beginnt im Alter von elf Jahren. Es treten kleinere Bewusstseinsstörungen auf, die die Eltern jedoch zunächst mit den Worten „Arnold döst" abtun. Erst in den folgenden Jahren werden diese Zustände als Epilepsie erkannt. Neben dem Unfall als Dreijähriger wird als eine weitere mögliche Ursache für die Krankheit ein Sturz von einem Baum im Alter von zehn Jahren angeführt, bei dem er sich ebenfalls am Kopf verletzt. Den ersten schweren Anfall erleidet er mit 14 Jahren. Sein Leben wandelt sich nun radikal und für ihn bedrückend. Turnen und Sport werden ihm verboten und er darf keinen Schritt aus dem Haus ohne Begleitung unternehmen und auch mit dem geliebten Klavierspiel muss er zwei Jahre lang pausieren. Unter den Beschränkungen leidet er umso mehr, als er inzwischen einen besseren Kontakt zu seinen Altersgenossen gefunden hat.

Arnold flüchtet sich mehr und mehr in Musik und schöngeistige Literatur. Von 1927 an nimmt er wegen der Krankheit nur noch drei Stunden täglich am Unterricht teil. Doch seine Schulleistungen bleiben ausgezeichnet. Allerdings muss er sich Kritik an der Kürze seiner Aufsätze gefallen lassen. Er könne doch wohl mehr schreiben, moniert der Lehrer. Seine Antwort ist knapp und präzise: „Das, was ich als Hauptsache zu sagen hatte, habe ich gesagt, warum soll ich denn mehr schreiben?" Bei dem Aufsatzthema „Weshalb liebe ich mein Vaterland?" gibt er ein leeres Blatt Papier ab und erklärt, dazu könne er nichts schreiben.[19] Sein Abitur besteht er 1930 mit der Note „gut".

Die Musik, vor allem das Klavierspiel, ist für ihn eine Leidenschaft, ein Gebiet, in das er sich immer vertiefen kann. Er erwägt ernsthaft, die Musik zu seinem Beruf zu machen. Um darüber mehr Klarheit zu bekommen, spielt er im November 1929 in Duisburg dem Dirigenten Eugen Jochum[20] vor. Jochum rät ihm, ein bis zwei Jahre bei einem tüchtigeren Klavierlehrer Unterricht zu nehmen und dann über seine Laufbahn zu entscheiden. Er sei jetzt noch zu jung für eine solche Berufswahl. Arnold empfindet dieses Urteil als niederschmetternd. Er kommt zu einer sehr harten selbstkritischen Analyse: „Es ist mir auch klar geworden, was meinem Spiel fehlt (es fehlt mir auch sonst): das Charaktervolle, Rhythmische; kein Rückgrat... Ich habe mich maßlos überschätzt. Ich werde auf das Studium verzichten, weil mir klar ist, dass mein Talent nicht ausreicht." Doch er schwankt hin und her: „Soll ich wieder Mut fassen oder die Sache endgültig aufgeben?"[21]

Seine Krankheit und die dadurch erzwungene Isolierung von Altersgenossen und dem alltäglichen normalen Leben führen bei Arnold zu einer dauerhaften bis zur Verzweiflung gehenden Niedergeschlagenheit. „Ich kann diesen Zustand nicht mehr ertragen und doch sehe ich nicht, wie er enden soll. Es ist ganz

---

19 BAB, R 3018/10767, Stellungnahme Generalstaatsanwalt Hamm vom 15.11.1937.
20 Eugen Jochum (1902–1987) zählt zu den großen Dirigenten des vergangenen Jahrhunderts, insbesondere aufgrund seiner herausragenden Bruckner-Interpretationen. Er hat von 1930 bis 1932 die Position des Generalmusikdirektors am Theater Duisburg und bei den Duisburgern Sinfonikern inne. Während der NS-Zeit tritt er bei zahlreichen Konzerten im Rahmen von Veranstaltungen der NSDAP auf und wird von Hitler sehr geschätzt, ist aber nie Parteimitglied. Nach dem Krieg gründet er 1949 das Symphonieorchester des Bayerischen Rundfunks, das er bis 1960 leitet und zu großem Erfolg führt. Als Gastdirigent wird er von den führenden Orchestern der Welt eingeladen.
21 Archiv LWL, Bestand 656, Patientenakte Eickelborn, Korrespondenz.

furchtbar ... Ich weiß nicht, wo ich meinen Schmerz lassen soll. Warum lebe ich überhaupt; nur zum Leiden? Herr Gott, erbarme Dich doch. Ich kann es nicht mehr ertragen. Ich habe bisher keinen Erfolg in der Liebe gehabt und werde ihn auch in Zukunft nicht haben, weil es mir nicht möglich ist, tatkräftig und vor allem selbstständig zu handeln. Das habe ich aber nicht gelernt, eben wegen meiner Krankheit, die mich so von anderen abhängig macht und von allem ausschließt. Ich glaube, zum Teil liegt es auch an der Art der Erziehung, wie sie bei uns üblich ist. Heute in der Tanzstunde war hauptsächlich vom Schlussball die Rede. Für mich ist ja doch alles Essig. Ich darf so quasi überhaupt nicht hin. Überall vertritt mir die Krankheit den Weg, in der Kunst, in der Liebe, im Vergnügen. Ich liebe das Leben, aber das Leben hasst mich. Ich bin nie glücklich. Ich kann es nicht mehr tragen, diese innere Qual. Nulla dies sine Lacrima.[22]"[23]

Schon vor dem Abitur beginnt er aus der bisherigen Lebensweise auszubrechen und sagt sich los von den elterlichen Wertvorstellungen. Der bis dahin religiös geprägte Arnold verliert seinen Glauben und die Mutter stellt einen „starken Egoismus" bei ihm fest. Für sie zerstiebt die Hoffnung, Arnold sei dankbarer und fügsamer als sein aufbegehrender Bruder Clemens.

Der sechs Jahre ältere Bruder Clemens, der in den Fünfzigerjahren der Gründungsdirektor des bayerischen Fernsehens werden sollte, macht als erster von den drei Brüdern am Gymnasium Paulinum das Abitur. In seinen jungen Jahren im Sturm und Drang der Jugendbewegung der Nachkriegszeit bereitet er mit seiner ungestümen Art seinen Eltern viel Kummer. Seine auf-

---

22 Kein Tag ohne Träne, Abwandlung des lateinischen Sprichwortes Nulla dies sine linea.
23 Tagebuchaufzeichnungen zwischen 1928 und 1930, zitiert nach Archiv LWL, Bestand 656, Patientenakte Eickelborn, Korrespondenz.

begehrende und überschwängliche Lebensart schilderte er in seinen Erinnerungen:

„Mit sechzehn Jahren genoss ich die Freiheit in vollen Zügen. Ich tat, was ich wollte, und ließ, was mir missfiel. Vorschriften durfte mir niemand geben und Vorwürfen entzog ich mich. Wir fühlten uns wohl in dem weitgespannten Feld zwischen leidenschaftlichen Disputen und wilder Rauferei, Büchern und Mädchen, Kirche und Theater, Pistolenschießen und Musik. Es geschah nichts Böses, aber meine Eltern erschraken vor den radikalen politischen Ansichten und den anarchischen Zügen, die da zutage traten und im Hause eines hohen Beamten unerträglich schienen."[24]

Probleme mit der Schule ergeben sich, als er mit einem Tintenfass nach einem Lehrer wirft. Die Eltern sorgen sich darüber hinaus, als Clemens eine Beziehung mit einer zwanzig Jahre älteren Lehrerin unterhält. Mit feiner Ironie gab er später die Reaktionen seiner Eltern und der Ärzte wieder: „Da sie selbst mich nicht zu bändigen vermochten, verfielen sie, beraten von einem Psychiater, der eine Zierde seines Fachs war und mich nicht einmal untersuchte, auf den Ausweg, mich in eine Irrenanstalt und dort zur Räson bringen zu lassen. Durch eine List geriet ich wirklich in die Fänge eines Anstaltsdirektors, ebenfalls eines bedeutenden Vertreters seines Standes, der mich, wiederum ohne Untersuchung, in seine geschlossene Abteilung und eine Art Räuberzivil steckte. Ich gehörte jetzt zu einer klinischen Mustersammlung von Schizophrenen, Paralytikern, Paranoikern, Melancholikern, Epileptikern und sonstigen Fällen in allen Stadien

---

24 Clemens Münster, Scherben, Die Erinnerungen des Georg C., Köln 1964, S. 78/79.

außer dem des Tobens."[25] Clemens gelingt die Flucht aus der Anstalt und er kann wieder auf das Gymnasium gehen.

Lebenshunger und radikale Politik

In Münster beginnt Arnold, Philosophie zu studieren, und nimmt weiter Musikunterricht. Er tritt in die katholische Studentenverbindung Tuiskonia ein, da er aus seinen durch die Krankheit bedingten Beschränkungen ausbrechen, sich gegen die elterliche Fürsorge wehren und sein eigenes Leben führen will. Die Tuiskonia steht den Nazis kritisch gegenüber und wehrt sich gegen die Versuche der Gleichschaltung. 1938 wird sie vom SS-Reichsführer Heinrich Himmler verboten.[26] Arnold versucht nachzuholen, was ihm bisher entgangen ist, gibt sich einem ausschweifenden Lebensstil hin und trinkt ziemlich viel. In seinem Tagebuch beschreibt er diesen stürmischen Umbruch: „Es bleibt mir nichts anderes übrig, als ein großer Mann zu werden, denn der Arzt hat festgestellt, dass ich an der fallenden Sucht leide. … Immerhin steht fest, dass ich vorläufig kein Zyankali nehme, sondern leben will (obwohl die Wahrscheinlichkeit meiner Heilung nur 50 % beträgt), detaillierter, dass ich 1. einen unersättlichen Hunger verspüre, in mich aufzunehmen, 2. Jura studiere, 3. fechte, schwimme und sonstigen Sport treibe, 4. den oben erwähnten Hunger auf jede Art befriedigen werde, durch Natur, Frauen, Kierkegaard, Nationalökonomie u. a. m."[27] Dieses Aufbegehren gegen die Umklammerung durch Vorschriften und

---

25 Ebd.

26 S. Markomannenwiki: https://www.markomannenwiki.de/index.php?title=KStV_Tuiskonia-Monasteria_M%C3%BCnster&redirect=no, aufgerufen am 12.3.2019.

27 Archiv LWL, Bestand 656, Patientenakte Eickelborn, dort Auszug aus der Strafakte der Staatsanwaltschaft Hamm (5 O. Js. 71/35), S. 25.

wohlmeinende Behütung führt zu erheblichen Spannungen mit seinen Eltern.

Aufgrund dieses Lebensausbruchs fühlt er sich zu radikalen politischen Positionen hingezogen. Im Winter 1930/31 nimmt er an einer Kundgebung der NSDAP im Schützenhof in Münster teil, bei der Hermann Göring spricht. Seine Verbindungsbrüder sehen das gar nicht gerne, aber er verteidigt ihnen gegenüber den Nationalsozialismus. Doch zunächst lässt er von der Politik wieder ab und beschäftigt sich mit anderen Dingen.

Anfang 1931 wechselt er zum Studium nach Jena. Im Herbst schreibt er sich an der Universität in Berlin ein, wo er zunächst auch seinen Studien nachgeht, diese aber bald vernachlässigt und sich mehr seinem Liebesleben widmet. Wieder von der radikalen Politik angezogen nimmt er Ende Juni 1932 an einer Kundgebung gegen die Versailler Verträge teil, die die Studentenschaft im Berliner Lustgarten abhält. Im Anschluss schließt er sich einem Demonstrationszug an und wird verhaftet und bis zum Nachmittag des folgenden Tages im Berliner Polizeipräsidium in Haft gehalten.[28] Nach seiner Freilassung geht er zum Büro des nationalsozialistischen Deutschen Studentenbundes, um ihm beizutreten. Im Bezirk Grunewald meldet er sich bei der SA an. Später schreibt er in seinem Lebenslauf dazu nieder: „In einer impulsiven Aufwallung, halb aus Neugierde und Abenteuerlust meldete ich mich zur SA. Es fehlte jede ernste weltanschauliche Bindung; Nach 14 Tagen trat ich wieder aus."[29]

Arnold bewegt sich in diesen Jahren in Extremen und ändert seine Lebensumstände oft und kurzatmig. Wenige Wochen vor der Machtübernahme durch die NSDAP im Winter 1932/33

---

28 Ebd., Patientenakte Eickelborn, Auszug aus der Strafakte S. 9.
29 Ebd.

fängt er an, sich mit kommunistischer Literatur zu befassen, und liest zum ersten Mal Marx und Lenin. Er kommt schließlich zu der Auffassung, dass der Kommunismus das Richtige sei, und bekennt sich innerlich zu dieser Weltanschauung. Parallel dazu wird ihm auch deutlich, wie sehr das Rechtswesen politisiert und an den Leitlinien der Nazis ausgerichtet wird. Da er sich jedoch nicht – wie gefordert – voll und ganz in den Dienst der Nationalsozialisten stellen will, verabschiedet er sich von der Jurisprudenz. Nun verwirklicht er einen schon lange gehegten Wunsch und beginnt, Chemie zu studieren. Auf Zureden seiner Eltern hat er dies immer wieder zurückgestellt. Sein Austritt aus der Tuiskonia im Jahr 1933 und die Suche nach einer politischen Betätigung fallen zeitlich zusammen. Von den Schriften von Marx und Lenin fühlt er sich immer mehr angezogen und baut im Keller seines Elternhauses heimlich eine kleine revolutionäre Bibliothek auf.

Das politische Klima wird rauer. Die Nazi-Aktivisten versuchen, das gesamte Leben am nationalsozialistischen Zeitgeist auszurichten. Konkurrierende Organisationen werden zerschlagen. Am 1. Juli 1933 werden die Geschäftsstellen der katholischen Jugendverbände wegen staatsfeindlicher Betätigung geschlossen. Nationalsozialistische Studenten führen einen Feldzug gegen „undeutschen Geist" und fordern dazu auf, private und öffentliche Bibliotheken von „zersetzendem Schrifttum zu säubern", um dann am 10. Mai 1933 in Münster auf dem Hindenburgplatz einen Scheiterhaufen zu errichten. Für Andersdenkende soll es keinen Raum mehr geben.

Doch das katholisch geprägte Bürgertum Münsters steht den Nazis reserviert bis oppositionell gegenüber und insbesondere unter den linkskatholischen Studenten wächst der Wunsch, sich zusammenzutun und gegen das Naziregime zu wehren. Maßgeblichen Einfluss auf diese oppositionelle Strömung hat Peter Wust, der „Philosoph von Münster", wie er schon nach kurzer Zeit genannt wird. Eigentlich obliegt ihm seit 1930 die Einführung der Theologiestudenten in die Philosophie. Aber seine Vorlesungen strahlen weit über sein Zielpublikum hinaus in die anderen Fakultäten. Er liest im Auditorium maximum, was aber auch nicht mehr allen Zuhörern Platz bieten kann.[30]

Wust enthält sich in seinen Vorträgen jeglicher politischer Stellungnahme, ja er meidet nahezu penetrant politische Themen. Und seine Hörer spüren, dass gerade diese Abstinenz hochpolitisch ist.[31] Sie nehmen seine Vorträge über eine geistige Ordnungswelt als Protest gegen das ungeistige Regime an. Aufsehen erregt sein Artikel im Münsterischen Anzeiger, in dem er sich nicht nur zum Geist, sondern zum heiligen Geist bekennt, was als entschiedene Absage an die Machthaber gedeutet wird.

Wust pflegt auch den persönlichen Kontakt zu seinen Studenten und Anhängern auf samstäglichen Spaziergängen in den Vorort Mecklenbeck. Man trifft sich bei seinem Haus und geht in lockeren Grüppchen zu der Gastwirtschaft Lohmann. Die Spaziergänger verlieren sich nicht aus den Augen, alles ist überschaubar und unliebsame Zuhörer gibt es nicht. Die Teilnehmer fühlen sich sicher, eine wichtige Voraussetzung für freie Gespräche. In der Gastwirtschaft kann man sich im Hinterzimmer gut geschützt miteinander austauschen und philosophieren. Die Studenten haben wenig Geld und bestreiten den Aufenthalt in der Gastwirtschaft in der Regel mit einer Tasse Kaffee. Auch Arnold zählt zu dem Kreis um den Philosophen von Münster und

---

30 S. Wilhelm Vernekohl, Der Philosoph von Münster, Münster 1950, S. 36.
31 S. Walter Rest, Der Philosoph Peter Wust und Mecklenbeck, in „Mecklenbeck, von der Bauerschaft zum Stadtteil, Hrsg.: Karlheinz Pötter, Münster 1979, S. 388.

seine Eltern sind mit ihm befreundet und schätzten ihn ebenfalls sehr.

Dieser gesellschaftliche Hintergrund und seine persönliche Krankheitsgeschichte bieten einen guten Nährboden für Arnolds Entwicklung zum aktiven Widerstand. Verstärkend wirken auch noch subjektive Erlebnisse Arnolds. Ende 1933 lernt er auf dem Prinzipalmarkt die fünfzehn Jahre alte Annemarie Heuß kennen und zwischen den beiden entwickelt sich eine Liebesbeziehung. Im September 1934 verloben sie sich heimlich.

Annemarie entstammt einer kommunistisch geprägten Familie. Ihre Mutter, die 39 Jahre alte Anna Heuß, gehört seit 1923 der KPD an und bekleidet bis zu deren Verbot viele Funktionen.[32] Der kriegsversehrte Vater Peter Heuß findet schon länger keine Arbeit mehr. Die älteste Tochter Annemarie, am 17. Mai 1918 geboren, sucht nach der Schulentlassung vergeblich nach einem Ausbildungsplatz im kaufmännischen Bereich. Die ehemalige Mitgliedschaft im Kommunistischen Jugendverband (KJVD) erschwert die Bewerbung.

Ihre Mutter Anna Heuß gilt als intelligente und geistig hochstehende Frau, die mit dem kommunistischen Schrifttum bestens vertraut ist. Die Wohnung der Familie Heuß dient häufig als Treffpunkt der Genossen, insbesondere wenn die Parteizentrale durch andere Sitzungen belegt ist. Anna gehört zu den sechzehn führenden Münsteraner Kommunisten, die gleich nach dem Reichstagsbrand am 1. März 1933 zur „Abwehr kommunistischer staatsgefährdender Gewalttakte" bis auf Weiteres in Haft

---

32 S. auch im Folgenden: Dieter Wever, Zum Gedenken an Arnold Münster, in „Es ist mit einem Schlag alles so restlos vernichtet, Opfer des Nationalsozialismus an der Universität Münster", Hrsg.: Sabine Happ und Veronika Jüttemann, Münster 2018, S. 910/911.

genommen werden. Sie habe die verbrecherischen Ziele der Kommunistischen Partei Deutschlands unterstützt und gefördert, heißt es zur Begründung. Wer Mitglied in der Kommunistischen Partei ist, wird unabhängig von jeder illegalen Tätigkeit verfolgt. Nach sieben Wochen Schutzhaft im Gerichtsgefängnis wird die Wohnung Heuß erneut Anlaufpunkt für ehemalige Parteimitglieder.

Im November 1933 bekommt Anna Heuß ein Exemplar des im Ausland gedruckten „Braunbuch zum Reichstagsbrand und Hitlerterror" zugespielt, es liegt in der Schublade vom Küchentisch und wird herausgeholt, wenn wieder einmal ein aus der Schutzhaft entlassener Genosse vorbeischaut. Im Beisein der Tochter Annemarie wird über die Gefahr eines vom NS-Regime angestrebten Krieges debattiert. Man müsse jetzt vorarbeiten, um einen zukünftigen Weltbrand zu verhindern. In den Gestapoakten wird später behauptet, Anna Heuß habe Besucher dazu angestiftet, Flugblattaktionen zu organisieren. Für Polizei und Justiz gehört sie zu den Menschen, die durch ihre ganze Persönlichkeit, durch Temperament und Überzeugungskraft leicht Einfluss auf ihre Umgebung gewinnen.

Zeitgleich erfährt die Gestapo Recklinghausen mittels einer „verschärften Vernehmung" eines Schutzhäftlings, dass ein Exemplar des illegalen Braunbuchs in der Wohnung der Familie Heuß aufbewahrt wird. Die anschließende Durchsuchung in der Wolbecker Straße bleibt ohne Ergebnis, aber Anna Heuß wird erneut ins Gerichtsgefängnis Münster eingeliefert. Sie gibt in den Vernehmungen zu, das Buch besessen, dann aber verbrannt zu haben. Das Eingeständnis reicht, um vom Oberlandesgericht in Hamm wegen Vorbereitung zum Hochverrat zu eineinhalb Jahren Gefängnis verurteilt zu werden, die sie bis zum 2. Juni

1936 in der Frauenhaftanstalt Anrath bei Krefeld verbüßen muss.

Eine weitere Begebenheit, die Arnold in seinen Auffassungen bestärkt, sind seine Erfahrungen als Werkstudent in den Osterferien in einem Wittener Betrieb. Er kommt ziemlich bedrückt von den Klagen der Arbeiter über ihr hartes Los nach Hause. Sein Bruder Clemens schreibt später an seine Eltern, wie Arnold sich seiner Meinung nach radikalisiert habe: „Mitgewirkt haben sicher seine Vereinsamung und innere Bindungslosigkeit, unausgebildeter Wirklichkeitssinn, unklare Menschenliebe und ein abstraktes Gerechtigkeitsideal, eine allzu fanatische Logik, Widerspruchsgeist und eine gewisse Neigung zu narkotisierenden Ideen. Das hätte sich aber schließlich im Laufe der Zeit ausgeglichen. Die Krankheit hat wohl wirklich in allen Stadien verhängnisvoll auf seine Stimmung und seinen Willen gewirkt."[33]

Die Widerstandsgruppe – Flugblätter und Verhaftungen

Mit dem Studium der Texte von Marx und Lenin eignet Arnold sich die Weltanschauung der kommunistischen Vordenker an. Doch er will es nicht bei der Theorie belassen, sondern aktiv werden. Arnold knüpft wieder Kontakte zu seinen Abiturkollegen von 1930, mit denen er sich seinerzeit im Umfeld des Philosophen von Münster bewegte und mit denen ihn viele philosophische Gespräche und eine oppositionelle Haltung gegen die Nazis verbinden. Die Freunde gehören ebenfalls zu dem in Münster verbreiteten linkskatholischen bürgerlichen Milieu.

---

33   Zitiert in Rudolf Münster, Autobiografie, Teil I, S. 95.

Die Sorgen dieser Studenten über die politische Entwicklung, die weitere Verfestigung der Herrschaft der Nazis und ihre Durchdringung des Alltags wachsen. Im Jahr 1934 treffen sich vier von ihnen, um darüber zu sprechen, wie sie sich der Entwicklung entgegenstemmen können. Von den alten politischen Kräften erwarten sie keinen nennenswerten Widerstand gegen die Nazis. Es fehlt nach ihrer Meinung der Wille und der Mut zum Wagnis. Sie kommen zu dem Schluss, dass das faschistische Joch nur fallen wird, wenn die Arbeitermassen auf die Barrikaden gehen. Doch die Zersplitterung der Arbeiterbewegung sehen sie als großes Hindernis. Christliche und marxistische Arbeiterschaft müssen zusammengeführt und geeint werden, um gemeinsam den Nazismus zu stürzen. Entscheidend für alle ist dabei nur das gemeinsame Ziel, den Faschismus zu bekämpfen.

Die KPD-Ortsgruppe kann in Münster keinen nennenswerten Einfluss gewinnen, da die Stadt durch die Mittelschicht der Beschäftigten im öffentlichen Dienst und eine verhältnismäßig geringe Arbeiterschaft geprägt ist. Gleichwohl gibt es in der Widerstandsgruppe große Sympathien für die KPD und in ihren Flugschriften ruft sie zu deren Unterstützung auf. Die Gruppe ist entschlossen zu handeln und beginnt sich zu organisieren. Die Studenten verteilen erste Aufgaben, um ihr Projekt anzupacken. Während Arnold den Kontakt zum linken Widerstand aufbauen soll, wollen die anderen Einfluss auf die christlichen Gewerkschaften nehmen.

Vereinzelt haben die Studenten auch Verbindungen zu Arbeitern, die sich ebenfalls im Widerstand betätigen wollen. Arnold lernt über die Familie Heuß bei der Silvesterfeier 1933 in deren Wohnung in der Wolbecker Straße den kommunistisch gesinnten Arbeiter Heinrich Hartmann kennen. Im Gespräch stellen sie ihre gleichen politischen Ansichten fest. Sie verabreden, nach weiteren Mitstreitern Ausschau zu halten, um gemeinsam Flugblattaktionen zu organisieren. Voraussetzung für neue Mitglieder der Gruppe ist jedoch, vor 1933 politisch nur wenig bekannt gewesen zu sein. Die Studenten treffen sich mit den Arbeitern Max Gewald und seinem Freund Franz Schopp am Aa-See und am Franziskanerkloster, um gemeinsame Aktivitäten zu besprechen. Sie wollen mit Flugblättern und später auch mit einer Zeitung der Nazipropaganda entgegentreten. Aber die Akteure wissen um ihre Schwäche. Sie müssen weitere Mitstreiter in den Betrieben finden. Arnold agitiert die Arbeiter, in den Betrieben Zellen zu gründen und Adressen ausfindig zu machen, an die Flugblätter geschickt werden können.

Mit einem ersten Flugblatt soll eine Gegenöffentlichkeit gegen die Nazis hergestellt werden. Die bisherigen wenigen Kontakte vervielfachen sich rasch und die Gruppe wächst auf über dreißig Mitglieder an. Sie gewinnt Sympathien, weil sie überparteilich ist und alte Grabenkämpfe überwinden und alle oppositionellen Strömungen einen will. Das Spektrum reicht daher auch von Linkskatholiken über enttäuschte Sozialdemokraten bis zu Kommunisten. Entscheidend für alle ist dabei nur das gemeinsame Ziel, den Faschismus zu bekämpfen.

Mit der Schlagzeile „Weltkrieg droht" wird das von Arnold verfasste Flugblatt am 1. August 1934 verteilt. Den ständigen Friedensbeteuerungen Hitlers hält die Gruppe die Massenherstellung von Kriegswaffen und Munition gegenüber. „Proleten, wollt ihr mit euren Frauen und Kindern in Dreck und Giftgas verrecken, um Krupp und Thyssen die Taschen zu füllen?" Zum

Schluss heißt es: „Kämpft mit der KPD für Frieden und Brot. Für ein freies Rätedeutschland."[34]

Die Flugblätter schieben die Verteiler nachts unter die Haustüren oder stecken sie in die Briefkästen. Auf einer Baustelle verstecken sie ebenfalls 50 Handzettel, wo sie die Bauarbeiter am nächsten Morgen finden. Obwohl in den Nächten vor der Volksabstimmung überall Streifen von Polizei, SS und SA unterwegs sind, bleiben die Studenten unentdeckt. Die Gestapo meldet: „Bei der Flugblattverteilung in Münster sind die Täter mit einer beispiellosen Frechheit und kaltblütig zu Werke gegangen. Die Flugblätter wurden in solchen Nächten verbreitet, in denen fast die ganze Stadt von Streifen der Polizei, des Feldjägerkorps, der SS und der SA begangen wurde."[35] Wenig später verfasst Arnold ein weiteres Flugblatt, das zur kurzfristig anberaumten Volksabstimmung über das Staatsoberhaupt des Deutschen Reichs am 19. August 1934 verbreitet werden soll. Nur einige Tage nach dem Tod des Reichspräsidenten Hindenburg soll die Bevölkerung die Zusammenlegung der Ämter des Reichspräsidenten und des Reichskanzlers in der Person Hitlers als Führer im Nachhinein bestätigen. „Und jetzt wollen die Nazis hören, dass Ihr mit allem einverstanden seid", dabei werde „ihre Pleite jeden Tag offener", formuliert Arnold.

Nun will die Gruppe ein größeres Vorhaben angehen und eine eigene Zeitung herausgeben. Unter dem Titel „Der rote Arbeiter" soll die Publikation regelmäßig erscheinen. Den dazu notwendigen Vervielfältigungsapparat soll Arnold besorgen, der als parteiloser Student unverdächtig eine solche Maschine kaufen kann. Mit dem in der Gruppe gesammelten Geld erwirbt

---

34 BAB, R 58/2061, Bericht der Staatspolizeistelle für den Regierungsbezirk Münster an das Geheime Staatspolizeiamt Berlin vom 11.2.1935.
35 Ebd.

er im Oktober 1934 nach einem Arztbesuch in Berlin auf der Rückreise in Leipzig einen „Rotofixapparat", der zunächst bei Max Gewald untergestellt wird.

Doch bevor die erste Ausgabe des „Roten Arbeiters" erscheint, gibt es Alarm in der Gruppe. Von Gewald wird Verrat befürchtet. Seinem Freund gegenüber habe er erzählt, ihm seien 500 Reichsmark dafür geboten worden, wenn er den geistigen Kopf der kommunistischen Gruppe verrate. Die Leitungsgruppe, zu der auch Arnold zählt, ergreift sofort Vorsichtsmaßnahmen. Gewald und zwei weitere Mitglieder werden ausgeschlossen. Druck- und Schreibmaschine werden versteckt und wegen der auffälligen Schrifttypen wird eine neue Schreibmaschine angeschafft.[36]

Als einige Zeit danach keine Gefahr mehr zu bestehen scheint, wird im Dezember 1934 „Der rote Arbeiter" im Bootshaus an der Werse gedruckt. Diese Ausgabe kritisiert die Arbeitsbedingungen in Münsteraner Betrieben und die hohen Preise für die Lebensmittel des alltäglichen Bedarfs. Einen Monat später werden über die holländische Grenze das Zentralorgan der KPD, die „Rote Fahne", und andere kommunistische Flugschriften nach Münster geschmuggelt. Anlaufstelle ist eine Buchhandlung in Winterswijk. Die Ergreifung des Kuriers bei einer zweiten Lieferung bildet dann den Auslöser für die Aufdeckung der Widerstandsgruppe um Arnold.[37]

Die Verhörmethoden der Gestapo-Dienststelle Recklinghausen sind gefürchtet. Unter politisch Verfolgten heißt sie die

---

36 S. BAB, R 3018/19767, Gerichtsurteil, S. 9.
37 Nachlass Münster, Reinhold Schmidt, „Erinnerungen an die erste Widerstandsgruppe gegen die Nazi-Diktatur in Münster 1933–1935", S. 3.

„Hölle von Recklinghausen"[38]. Der Kurier wird so lange gefoltert, bis er die Anlaufstelle in Münster nennt, die Wohnungen von Hubert Winter in der Ritterstraße und seines Nachbarn Wilhelm Düren.[39] Winter wird am 29. Januar 1935 verhaftet, ein Tag später Wilhelm Düren. Auch Winter und Düren werden brutal gefoltert. Der im Ersten Weltkrieg schwerbeschädigte Winter wird Tage lang mit Ochsenziemer und Stahlruten geschlagen, ohne dass er ein Wort verrät. Als seine Frau jedoch hinzugezogen wird, entfährt es ihr bei dem Anblick ihres geschundenen Mannes entsetzt: „Hubert, sag doch, dass ein Nachbar im Lodenmantel die Pakete immer abholt." Nach fortgesetzten Misshandlungen und durch das Zureden seiner Frau nennt Winter dann einen weiteren Namen.

Die Gestapo-Leitstelle für den Regierungsbezirk Münster in Recklinghausen befehligt zu dieser Zeit Günther Graf von Stosch. Seit 1933 Mitglied der NSDAP macht er eine zügige Karriere, wird Oberbürgermeister von Bottrop und schließlich Regierungspräsident in Münster. Nach dem Krieg wird er wegen Verbrechen gegen die Menschlichkeit angeklagt. Ihm wird vorgeworfen, mit Folter und Misshandlungen in 237 Fällen, darunter zwei Selbstmorde, Aussagen erpresst zu haben. Er selber bestreitet das und bezeugt, schon länger eine Abneigung gegen das Regime gehabt zu haben. Das Gericht in Bochum befindet im Jahr 1949, er habe über die verschärften Verhörmethoden, von Folterkeller und Prügelböcken nicht Bescheid gewusst, und stuft ihn als Mitläufer ein. Im Gerichtssaal ertönen Bravorufe

---

38 S. Andreas Jordan, Projektgruppe Stolpersteine Gelsenkirchen, http://www.stolpersteine-gelsenkirchen.de/die_dabeigewesenen_gelsenkirchen_guenther_graf_von_stosch.htm, aufgerufen am 19.7.2020.

39 Ebenfalls: Nachlass Münster, Reinhold Schmidt, „Erinnerungen an die erste Widerstandsgruppe gegen die Nazi-Diktatur in Münster 1933–1935", S. 3.

und es wird laut Beifall geklatscht.[40] Seinem Untergebenen Wilhelm Tenholt dagegen bescheinigt das Gericht eine „Landknechtsnatur" und verurteilt ihn zu zwölf Jahren Zuchthaus.[41] Von Stosch lebt von 1950 an in Essen, wo er 1955 im Alter von 62 Jahren stirbt.

Als die ersten Teilnehmer der Widerstandsaktion verhaftet werden, zahlt es sich aus, dass viele in der Gruppe sich nur unter falschen Namen kennen. Franz Meister und Max Gewald können fliehen. Die übrigen Gruppenmitglieder bleiben zunächst unerkannt, ebenso die drei Studenten, die zusammen mit Arnold initiativ geworden waren. Walter Rest, einer von ihnen, rechnet nach der Nachricht über die Verhaftungen mit einer Hausdurchsuchung und verbrennt alle Unterlagen der kleinen Gruppe. Die bereits fertigen Texte für eine neue Ausgabe des „Roten Arbeiters" werden vernichtet. Doch lange hält das Geheimnis nicht. Es muss ein Leck in der Gruppe geben, durch das Namen an die Staatspolizei gelangen, die zu der Verhaftungsaktion am 31. Januar 1935 führen.

Vor Gericht:
Ich war mir meiner Handlungsweise voll bewusst

Zu der Gerichtsverhandlung werden Arnold und die übrigen Angeklagten in das Gefängnis in Hamm überführt. Dort suchen die Staatsanwälte Dr. Semler und Dr. Fuchs den Sohn des Landgerichtspräsidenten auf. Sie wollen schon vor der Verhandlung

---

40 S. Wolf Stegemann, Ein feiner Herr aus gutem Hause, Warum der Recklinghäuser Gestapo-Chef freigesprochen und sein Untergebener verurteilt wurde, in „Dorsten nach der Stunde null, Die Jahre danach, 1945–1950", Dorsten 1986, S. 156–158.
41 S. Wikipedia: https://de.wikipedia.org/wiki/G%C3%BCnther_von_Stosch, aufgerufen am 7.2.2019.

wissen, ob der nach Bildung und Herkommen außergewöhnliche Angeklagte sich bewusst und beabsichtigt hochverräterisch betätigt hat. Arnold erklärt ihnen, dass er sich den Folgen seiner Handlungsweise voll bewusst gewesen sei und diese mit in Kauf genommen habe; er vermöge nicht, sein Tun zu bereuen.[42] Die Anklagebehörde beantragt daraufhin zwölf Jahre Zuchthaus für Arnold Münster, für die Mitangeklagten Hartmann, Kipp und Hautopp jeweils zehn Jahre und für alle vier den Verlust der bürgerlichen Ehrenrechte auf zehn Jahre.

Der Prozess gegen die 17 Beschuldigten vor dem dritten Strafsenat des OLG Hamm ist für den 6. und 7. Juni 1935 anberaumt. Arnold wird zusammen mit den anderen Angeklagten nach Aufruf der Verhandlungssache vorgeführt. Die Anklageschrift bezichtigt ihn, der führende Kopf der Gruppe gewesen zu sein. Er stellt nicht in Abrede, die politische Leitung der Gruppe in Münster innegehabt zu haben, verwahrt sich aber dagegen, der geistige Kopf der kommunistischen Bewegung in Münster gewesen zu sein.[43] Wie alle anderen Angeklagten auch sagt Arnold, alle Aktivitäten seien mit Mehrheitsentscheidungen gefasst worden, bei denen jeder das gleiche Recht gehabt habe. Staatsanwalt Conrady allerdings sieht sich in seiner Auffassung über die Führungsrolle Arnolds bestätigt, da er im Verlauf der Hauptverhandlung einen hochintelligenten Eindruck gemacht habe. Die Prüfung, ob Arnold wegen seiner Krankheit vermindert zurechnungsfähig gewesen sei, fällt negativ aus. Das Gericht folgt dem Gutachten von Dr. Pohlmann von der Heil- und Pflegeanstalt in Dortmund-Aplerbeck, demzufolge der Angeklagte wohl-

---

42   BAB, R 3018/(alt NJ) 10767.
43   BAB, R 3017/5062, Urteil, S. 19.

überlegt gehandelt habe und damit die Voraussetzungen des § 51 StGB (verminderte Zurechnungsfähigkeit) nicht vorlägen.

Die hohe Strafe begründet sich aus der im April 1934 beschlossenen Verschärfung des § 83 StGB, in der der Hochverrat an die Spitze aller Verbrechen gestellt wird und mit den schwersten Strafen belegt werden soll. Die Verteidigung argumentiert im Falle Arnolds vor allem mit seiner Erkrankung, die das Abgleiten auf den „Irrweg" begünstigt habe. Das Gericht berücksichtigt die Tatsache, dass er von Jugend auf kränklich ist und daher eine Freiheitsstrafe schwerer empfindet als ein gesunder Mensch.[44] Es sieht von dem von der Staatsanwaltschaft geforderten, außerordentlich hohen Strafmaß von zwölf Jahren Zuchthaus ab. Arnold wird wegen Vorbereitung zum Hochverrat zu acht Jahren Zuchthaus und fünf Jahren Ehrverlust verurteilt. Das gleiche Strafmaß erhält nur Heinrich Hartmann, die anderen Gefangenen kommen mit geringeren Strafen davon.

Demütigungen im „Zuchthaus der Hochverräter"

Die Verhaftung, die ersten Demütigungen und die Umstellung auf das Leben in den engen und überfüllten Gefängniszellen sind für Arnold der Beginn eines langen Infernos. Er stürzt in tiefes seelisches Elend. Freiheit, seine Beziehung zu Annemarie, Freundschaften, Kampfgefährten, selbst das – mitunter recht schwierige – Verhältnis zu seinen Eltern, ein gesicherter materieller Wohlstand – all das ist von heute auf morgen dahin und weg. Stattdessen findet er sich zusammen mit anderen Gefangenen auf engstem Raum und der Willkür der Gefängniswärter ausgesetzt. Dennoch wirkt diese brutale und abrupte Verände-

---

44 BAB, R 3017/5062, Urteil.

rung seiner Lebensumstände in ihrer Tiefe erst langfristig. Die erste Zeit kann er der Zerstörung seines bisherigen Lebens innerlich entgegenhalten, dass die Widerstandsaktion richtig war und er dies jederzeit wieder tun würde. Doch über die Jahre nagen diese Verluste an ihm.

Unmittelbar nach der Verhaftung wird Arnold zur „Schutzhaft" in Münster und nach wenigen Tagen zur Untersuchungshaft in das Gerichtsgefängnis Bochum eingewiesen. Für die Prozesstage im Juni wird er in das Gerichtsgefängnis Hamm verlegt. Nach dem Urteil tritt er seine Strafe schließlich in der Haftanstalt Münster an.

Das Zuchthaus Münster ist erheblich überbelegt. Eigentlich ist es für 605 Gefangene vorgesehen, tatsächlich sind jedoch über 1.000 Häftlinge dort untergebracht. In Zellen, die für eine Person gedacht sind, werden bis zu drei Gefangene gepfercht. Diese müssen mit zwei Liter Waschwasser pro Tag auskommen. Die Ausdünstungen sind unerträglich, zumal die Insassen 14 Tage lang Tag und Nacht dieselbe Wäsche tragen. Die Notdurft verrichten die Gefangenen in einen grauen Kübel aus Steingut, der einmal am Tag geleert wird. Als Nachtlager dienen Strohmatratzen.[45]

Nach Münster kommen insbesondere die Aktivisten der illegalen Organisationen. In der Anstalt an der Gartenstraße befinden sich mehr als 500 sogenannte „Hochverräter", darunter acht Genossen aus der Gruppe um den „Roten Arbeiter". Man könnte die Anstalt Münster zu dieser Zeit als das Zuchthaus der Hochverräter[46] bezeichnen. Politische werden voneinander isoliert. Werden Versuche der Kontaktaufnahme entdeckt, ver-

---

45 Dieter Wever, Das Zuchthaus Münster im Nationalsozialismus, Münster 2013, S. 7..
46 S. ebd., S. 16/17.

schärft sich die Isolierung, dem jeweiligen Insassen werden die Bücher weggenommen und sie werden von der Arbeit ausgeschlossen. Strengstens untersagt sind Gespräche mit dem Wachpersonal.

Hinzu kommt eine äußerst mangelhafte Ernährung. Arnold schildert sie ungeschönt:

„Die Kost ist allgemein so beschaffen, dass sie mittags wohl das Gefühl der Fülle im Magen, aber nicht wirklich anhaltende Sättigung bewirkt; morgens und abends wird nicht einmal dies erreicht. Die folgenden Einzelheiten sind charakteristisch: Etwa von April dieses Jahres gab es durchschnittlich fünfmal in der Woche mittags Pellkartoffeln. Davon waren regelmäßig 50 Prozent und mehr faul und ungenießbar. ... Offenbar sollten die ungewöhnlich stark faulenden Kartoffeln vor dem völligen Verderben möglichst aufgebraucht werden. Einmal in der Woche gab es regelmäßig mittags Reis mit Feigen. Auf diese Feigen habe ich im letzten Jahr überhaupt verzichtet, da sie faulig von ekelerregendem Geschmack waren und ich regelmäßig Durchfall danach bekam. Auch die Heringe, die es gewöhnlich zweimal in der Woche gab, waren häufig verdorben, von ekelerregendem Geruch; ich habe oft heftigen Durchfall danach bekommen. Auch wenn es sich nicht um eigentliche Verderbnis handelte, war häufig durch ekelerregenden Geruch oder Geschmack, mitunter auch durch Ungeziefer, die Auswertung des Essens durch den Körper beeinträchtigt."[47]

Der Kontakt nach außen wird streng reglementiert. Alle drei Monate dürfen Gefangene nach Entscheidung des Zuchthausvorstandes Besuch empfangen. Die Besuchszeit beträgt 15 Minuten, Händereichen ist verboten. Gefangene dürfen nur alle sechs

---

47   Archiv LWL, Bestand 656, Patientenakte Arnold Münster, Bericht vom 27.10.1937.

Wochen einen Brief schreiben und empfangen, das Papier ist rationiert, vier kleine Seiten stehen jedem für einen Brief zu. Gearbeitet wird sowohl in den traditionellen Eigenbetrieben wie Küche, Bäckerei, Wäscherei als auch für Unternehmen wie Tapetenklebereien und Flechtereien für Körbe, Stühle und Matten. [48]

Die Zwangssterilisierung droht

Für Arnold bedeutet die Zeit im Zuchthaus vor allem auch eine schwere seelische Belastung. Ihn quälen viele Sorgen über sich und seine Zukunft, gegenüber seinen Eltern fühlt er sich immer wieder schuldig, obwohl diese ihm keine Vorwürfe machen.

Schon in den ersten Wochen seiner Haft taucht das Damoklesschwert einer Zwangssterilisation auf. Seine Epilepsie wurde zunächst ohne genauere Untersuchungen als erbliche Krankheit eingestuft. Nach den Vorschriften zur nationalsozialistischen „Rassenhygiene" soll „erbkranker Nachwuchs" durch Sterilisation verhindert werden. Allein in den Jahren 1935 und 1936 werden im Zuchthaus Münster über 50 Gefangene zwangsweise sterilisiert. Auch für Arnold stellt die Anstaltsleitung routinemäßig schon zu Beginn seiner Haftzeit im Sommer 1935 beim Erbgesundheitsgericht einen entsprechenden Antrag.

Arnold befürchtet, dieser Eingriff ziehe Impotenz nach sich, und ist daher verzweifelt. Seine Eltern erklären ihm den Sachverhalt und versuchen ihn zu trösten. Seine Mutter Auguste schreibt: „Es tut mir unendlich leid, dass Du durch die Sterilisationsfrage in so große Unruhe versetzt wurdest. Rudolf hat uns inzwischen gesagt, Du seiest ruhig darüber geworden, nachdem er Dir klargemacht habe, worum es sich dabei handelt. Er hat

---

[48] S. Dieter Wever, Zuchthaus Münster im Nationalsozialismus, S. 18.

auch mit dem Bochumer Arzt und mit Dr. Többen darüber gesprochen, die ihm beide bestätigten, dass die Sterilisation keinerlei andere Folgen habe als die Kinderlosigkeit. Die würdest Du mit zahllosen anderen teilen, die nicht sterilisiert wurden."[49]

Die Diskussion der Behörden, ob es sich bei Arnold um eine genuine, also erbliche Epilepsie oder nicht handele, zieht sich über Jahre hin. Erst im Juni 1941 weist das Erbgesundheitsgericht in Köln den „Antrag auf Unfruchtbarmachung des geschäftsfähigen Arnold Münster" zurück. Das Gericht begründet seine Entscheidung: „Nach dem Ausgeführten ist es zwar wahrscheinlich, dass Arnold Münster an einer genuinen Epilepsie leidet. Das Gericht hat dieses jedoch, dem überzeugenden Gutachten des Sachverständigen Regierungsmedizinalrat Dr. Kapp folgend, nicht mit der für das Sterilisationsverfahren erforderlichen Sicherheit feststellen können."[50]

Die epileptischen Anfälle kosten Arnold nicht nur physische Kraft, sondern tragen auch zu seiner depressiven Grundstimmung bei. Er sorgt sich darum, dass sie sein Gehirn schädigen könnten. An sich selbst beobachtet er ein Nachlassen seiner Gedächtnisleistung. Die Eltern holen ärztlichen Rat ein und versuchen, ihn zu beruhigen. Auguste schreibt: „Deine Befürchtung, dass sich die Anfälle an Deinen geistigen Fähigkeiten auswirken könnten, musst Du abwehren; sie ist grundlos. Es käme höchstens infrage, wenn Deine Krankheit sich 1) für dauernd, 2) ganz erheblich mehr verschlimmern würde als bisher. Du musst bedenken, dass jeweiliges Versagen des Gedächtnisses jetzt weit-

---

49 Nachlass Münster, Brief von Auguste an Arnold vom 16.3.1935.
50 Archiv LWL, Bestand 664, Patientenakte Arnold Münster, S. 6.

gehend durch die große allgemeine Schwächung Deines Körpers bedingt ist."[51]

Arnolds gesundheitlicher Zustand ist zwischendurch immer wieder desolat, er sieht krank und schwach aus. Der Körper funktioniert unter den anstrengenden Haftbedingungen nicht mehr, wie er es will. So klagt er im März 1937 darüber, in der dunklen Zelle habe seine Sehkraft nachgelassen. Sicher auch ein weiteres Symptom seiner allgemeinen Schwäche.

Große Sorgen macht ihm das Schicksal seiner Verlobten Annemarie Heuß. Wenige Wochen nach Beginn der Haft wird sofort jeglicher Kontakt mit Annemarie untersagt, Briefe und Postkarten werden nicht ausgehändigt. Das Gericht hat für Annemarie eine Fürsorgeerziehung angeordnet. Arnold nimmt zu Beginn seiner Haftzeit seiner Mutter das Versprechen ab, sich ihrer anzunehmen und um eine kaufmännische Ausbildungsstelle für sie zu kümmern. Auguste sagt ihm zu: „Ich werde immer gut zu ihr sein und für sie tun, was ich kann."[52] „Sie hat jetzt eine Halbtagsstelle, wo sie 15 Mark verdient und die Kost hat. Die Kleider bekommt sie von ihrer Cousine aus Trier. Auch der Vater hat Arbeit und die Großeltern haben ihnen schon 2 x 50 Mark geschickt. ... Sie sah sehr gut aus. Ich habe ihr Geld gegeben, um ins Konzert zu gehen, und demnächst wird sie mich wieder besuchen."[53]

Obwohl Arnold sich offiziell von Annemarie distanziert, hält er im Geheimen fast bis ans Ende seiner Haftzeit an seiner Liebe zu ihr fest. Er kann sich offenbar sehr gut verstellen. Aber im März 1942 schreibt ihm Auguste wenig verschlüsselt, dass An-

---

51 Nachlass Münster, Brief von Auguste an Arnold vom 26.7.1936.
52 Ebd., Brief von Auguste an Arnold vom 13.6.1935.
53 Ebd., Brief von Auguste an Arnold vom 10.10.1935.

nemarie keine gemeinsame Zukunft mehr sieht: „Mein lieber, lieber Arnold, es ist mir ein unsäglicher Schmerz, Dir Weh zufügen zu müssen, indem ich Dir sage, dass H. das Gewesene nicht verwinden kann. Sie schrieb mir: ‚Arnold glaubt, dass sich aus den bitteren Erfahrungen der letzten Jahre für uns beide ein Zusammengehen ermöglichen ließe. Und es sind gerade meine Erlebnisse äußerer und innerer Art, die mich zu dem Nichtkönnen zwingen.' … ‚Ich bin mir des Unglücks bewusst, das in verschiedener Form Arnold und mich traf, von dem er eine Vereinigung erhoffte, und das in seinen Folgen bei mir nur Freundschaft erlaubt.' Deshalb will sie nicht nach Geseke kommen, weil ihr rein freundschaftlicher Besuch für Dich eine tiefere Enttäuschung sein würde als ihr Fernbleiben."[54] Mit H. kann nur seine Verlobte Annemarie Heuß gemeint sein, denn es gibt keinerlei Hinweise auf eine andere Frau, für die diese Äußerungen gelten könnten.

Die Musik ist Arnolds große Leidenschaft. Aber in der Gefangenschaft muss er ohne sie auskommen. Er befürchtet, das Klavierspiel aufgeben zu müssen, da er so lange pausieren müsse. Die Mutter versucht, ihn zuversichtlich zu stimmen: „Aber sage nicht, mit dem Klavier würde es wohl vorbei sein. Du hast schon einmal fast zwei Jahre damit ausgesetzt und hinterher doch noch wieder viel erreicht. An Technik magst Du ja einiges verloren haben, aber manches davon ist wieder einzuholen, und im Übrigen hängt in der Kunst doch nicht alles an der Technik, sondern vielmehr an der Persönlichkeit. Die Veranlagung zur Kunst kann nicht verloren gehen; und das Wachsen des Menschen kommt auch seiner Kunst zugute. Ich hoffe und glaube zuver-

---

54 Ebd., Brief von Auguste an Arnold vom 17.3.1942.

sichtlich, dass Du noch viel Freude am Klavier haben wirst."[55]
Immerhin bekommt er später die Möglichkeit, in den Gottesdiensten für die Gefangenen die Orgel zu spielen. Es bedrückt
Arnold ebenfalls, dass er trotz aller intensiven Studien für sich
keine Chance sieht, nach der Haft in der Wissenschaft tätig zu
sein. Eine Anstellung bei einer staatlichen Institution scheint
aussichtslos und in die Industrie will er auf keinen Fall.

All diese Umstände führen dazu, dass Arnold von Anfang
der Haftzeit an immer wieder in Hoffnungslosigkeit versinkt.
Seine Mutter schildert diesen Zustand: „Im schwersten Kampf
mit seinem Geschick und im Willen, ‚den steilen Weg zu gehen',
zieht er sich in sich selbst zurück und sucht unter Aufbietung
aller Willenskraft sein Schicksal seelisch zu bewältigen. Dabei
wird es ihm fast unmöglich, sich zu äußern, und er leidet selbst
darunter. So schrieb er am 14. August 1938 wörtlich: ‚Bei Eurem
letzten Besuch war ich in einem Zustand apathischer Erstarrung
und Verschlossenheit, in dem ich weder aus mir selbst herausgehen konnte, noch richtig aufnehmen konnte, was Ihr sagtet. Es
war mir sehr schmerzlich, dass Ihr gehen musstet, ohne dass ich
in mir etwas gehört hätte.'"[56]

Auch sein Bruder Clemens versucht ihn zu ermutigen: „Keinesfalls darfst Du Dich durch die Anfälle zu sehr deprimieren
lassen. In unserer Familie herrscht ein gewisser Pathos der Gesundheit und das hat auch auf mich ein wenig abgefärbt. An sich
ist das bedeutungslos, aber in Deinem Fall wirkt doch jede Depression über Deinen Zustand auf ihn selbst zurück ... Ich kenne
Dich – Du bist mein Bruder. Du hast mehr Angriffsflächen als
alle anderen, aber auch reichere innere Möglichkeiten. Ich glau

---

55   Ebd., Brief von Auguste an Arnold vom 21.12.1936.
56   Nachlass Münster, Entwurf zum Gnadengesuch vom 21.6.1939.

be daran, dass Du trotz allem (und ich glaube, ich denke dabei an alles!) mit Deiner Aufgabe fertig werden wirst."[57]

Arnolds Gegenstrategie vor allem gegen die Niedergeschlagenheit besteht darin, sich von den miserablen äußeren Umständen abzukoppeln und sich geistig intensiv zu betätigen. Er mobilisiert und konzentriert seine gesamten Geisteskräfte auf das Chemie-Studium. Mit unglaublichem Eifer und großer Gründlichkeit arbeitet er die Lehrbücher durch, die ihm die Eltern besorgen. An seinen Bruder Clemens und an seinen Freund und Schwager Paul Ohlmeyer verfasst er detaillierte und ausführliche wissenschaftliche Briefe mit den Themen, die ihn beschäftigen und für die er Antworten benötigt. Beide wissenschaftlichen Briefkontakte unterstützen ihn sehr gewissenhaft und erläutern ihm ausführlich seine Fragen.

Die Eltern kämpfen – von der Gauleitung bis zur Kanzlei des Führers

Seine Eltern halten mit Arnold einen intensiven brieflichen Kontakt und besuchen ihn, sooft es zugelassen ist. Sie geben ihm jede nur erdenkliche seelische Rückenstärkung. Ihr Leben dreht sich vor allem um den geliebten Sohn. Sie leiden mit ihm und halten seiner oft pessimistischen Sichtweise starkes Gottvertrauen und optimistische Zukunftsaussichten entgegen. Auguste schickt ihm Dantes Göttliche Komödie zum Trost in die Gefangenschaft. Sie empfiehlt ihm, doch lieber das Purgatorio zu lesen als das Inferno, denn es sei schöner und habe so viel „Analogie zu unserem Leben, das auch Aufwärtsentwicklung, Läuterung,

---

57   Nachlass Münster, Brief von Clemens an Arnold vom 24.5.1936.

Reifung sein soll."[58] Während das Inferno durch die Hoffnungs-losigkeit so furchtbar sei: Lasciate ogni speranza voi ch'entrate! – Lasst alle Hoffnung fahren, die Ihr durch dieses Höllentor ein-tretet!

Ihre Briefe an Arnold enthalten auch manche Lobpreisung Hitlers, die vor allem für die Mitleser der Zensur gedacht sind. Sie schreibt: „Du wirst gestern auch wohl die hervorragende Rede Hitlers gehört oder gelesen haben. Wie unübertrefflich prägnant und schlagend stellt er vor der ganzen Welt unser Recht dar! Und mit welch überlegenem Sarkasmus wird Roosevelt ad absurdum geführt. Dass Polen Hitlers wirklich großzügiges Anerbieten abgelehnt hat, ist nicht zu verstehen. Man sollte meinen, auf diese Rede müsse eine internationale Entspannung folgen; aber die Mentalität der ‚Siegerstaaten' hat in der Hinsicht ja schon manche Enttäuschung gebracht."[59] Die Eltern sind keine Parteigänger der Nazis, sondern behalten als traditionsreiches katholisches Bürgertum ihre kritisch-distan-zierte Haltung.

Parallel zu dem Kontakt zu Arnold setzen die Eltern Himmel und Hölle in Bewegung, um Hafterleichterung beziehungsweise seine Begnadigung zu erreichen. Sie verfassen sechs Gnadenge-suche und versuchen, Unterstützung von den untersten Partei-ebenen bis zum Führer zu erhalten. Auguste beschreibt die Ak-tivitäten im Jahr 1940: „Vorige Woche war Vater hier beim Gau, von dort wurde an die Kanzlei der NSDAP in Berlin telefoniert, die antwortete, die Sache sei noch nicht vom Justizministerium zurück. Hier beim Gau sagte man Vater noch, die Partei werde die Sache durchdrücken, wenn nötig auch gegen das Justizmi-

---

58 Nachlass Münster, Brief von Auguste an Arnold vom 27.3.35.
59 Ebd., Brief von Auguste an Arnold vom 29.4.1939.

nisterium. Wir haben dann noch je ein Schreiben an das Justiz-ministerium, das Staatspolizeiamt und die Kanzlei der NSDAP gerichtet des Inhalts, dass wir in den fünf Jahren Deine tief grei-fende, vollkommene Umwandelung miterlebt haben, dass ein Rückfall in Deine früheren Ideen völlig ausgeschlossen ist und wir jede sachliche und persönliche Garantie dafür überneh-men."[60] Neben den verschiedenen Hierarchieebenen der Partei wendet Rudolf sich auch an die Kirche. Es gelingt ihm, sowohl den Erzbischof von Köln, Kardinal Schulte, als auch den Bischof von Osnabrück, Dr. Wilhelm Berning, für die Unterstützung der Gnadengesuche zu gewinnen.

Rudolf beschreibt seine Erfolge in dem Kampf um die Be-gnadigung Arnolds: „Es gab wohl nur wenige Fanatiker, die die-ses Bluturteil für ‚gerecht' ansahen – dass man die ungeheuerli-che Strafe als zu hoch ansah, hörte ich bei der Generalstaatsan-waltschaft, im Reichsjustizministerium, bei der Stapo in Müns-ter und bei der Gauleitung. Letztere hat – ich habe in der Kanzlei des Führers den Bericht selbst gelesen – im Juli 1938 die sofortige Freilassung Arnolds beantragt. Auch der Ministerialdirektor Krohne hatte mir bei meinem Besuche im Mai 1937 die Begna-digung nach vier Jahren, also zu Anfang 1939 in Aussicht ge-stellt. Aber zu letzterer Zeit tauchte seltsamerweise ein Zweifel an der unbedingten Gesinnungsänderung Arnolds auf – wohl künstlich konstruiert auf der Grundlage eines Kölner Berichts, Arnold gehe wenig aus sich heraus oder so ähnlich. Die grund-sätzliche Gegnerschaft lag wohl bei der Stapo, das trat klar in die Erscheinung, als im September 1939 der neue Weltkrieg aus-brach. Da musste alles verhütet werden, was geeignet erschien, Defätismus zu begünstigen, und Arnold hatte in einem der Flug-

---

60   Ebd., Brief von Auguste an Arnold vom 20.2.1940.

blätter, die der Anklage zugrunde lagen, sich gegen den „Nazikrieg" geäußert! – Erst 1941 brachte eine Eingabe, die wir unmittelbar an den Reichsführer SS richteten, die Wende. Er erklärte sich mit Arnolds Begnadigung einverstanden, aber mit der Auflage, dass Arnold, um der überlasteten Stapo die sonst übliche Nachüberwachung zu ersparen, in einer Anstalt als Angestellter mit beschränkter Ausgangserlaubnis zu verwenden sei – bis zum Ende der urteilsgemäßen Strafzeit (Januar 1943)."[61]

Arnold wird im Sommer 1937 vorübergehend wegen seiner Krankheit zur ärztlichen Beobachtung in die Provinzial-Heilanstalt Eickelborn verlegt. Dort bekommt er einige Hafterleichterungen und es geht ihm deutlich besser als im Zuchthaus. Als die Entlassung aus Eickelborn und die Eingliederung in den normalen Vollzug im Kölner Klingelpütz ansteht, wehrt er sich heftig: „Wegen der angekündigten Wiederüberführung in den Strafvollzug mach ich mir vor allem im gesundheitlichen Bereich schwere Sorgen. Es ist ... in der Anstalt bereits einmal vorgekommen, dass ich bei einem Anfall nur mit knapper Not vor einem Sturz aus dem obersten Stockwerk in den Keller bewahrt wurde. ... Die Sorge ist umso begründeter, als die Erfahrung zeigt, dass in der Haft eine sehr beträchtliche Häufung der Anfälle auftritt. Die wesentlichen Ursachen dafür dürften sein der mangelnde Aufenthalt in frischer Luft, die knappe und überaus schlechte Kost und der dauernde seelische Druck."[62] Doch mit seinen Einwänden kommt er nicht durch. Im Januar 1938 wird er in den Klingelpütz in Köln transportiert.

---

61 Rudolf Münster, Autobiografie, Teil II, S. 17.
62 Archiv LWL, Bestand 656, Patientenakte Arnold Münster, Bericht vom 15.10.1937.

Im Klingelpütz: Selbstmorde und Hinrichtungen

Die Lebensumstände im Kölner Klingelpütz sind ähnlich wie die im Zuchthaus in Münster: starke Überbelegung, mangelnde Hygiene, unerträgliche Geruchsbelästigung und schlechtes Essen. Auch hier sind die Außenkontakte reglementiert. Ein Gefangener darf alle zwei Monate Besuch erhalten sowie alle vier Wochen einen Brief absenden.[63] Die Verschärfung der Strafvollzugsordnung im Jahr 1940 beschneidet die Rechte der Gefangenen noch weiter. Der diktatorische Geist spiegelt sich in den Formulierungen wider. Hatte sich der Gefangene vorher der Anstaltsgewalt zu fügen, so muss er sich nun „unbedingt unterwerfen". Der Erziehungsgedanke taucht nicht mehr auf, dagegen ist als vorrangiges Ziel „Sühne zum Schutz der Volksgemeinschaft" verankert. Durch die Verhaltensvorschriften für die Gefangenen soll ihre Ausgrenzung aus der „Volksgemeinschaft" deutlich werden. So dürfen die Häftlinge nicht den „deutschen Gruß" anwenden, sondern müssen als Zeichen des Grußes ihre Mütze vom Kopf nehmen. Umgekehrt ist es den Gefängniswärtern untersagt, sich an die Insassen mit dem deutschen Gruß zu wenden.

Der Umgang des Personals mit den Häftlingen im normalen Vollzug ist halbwegs erträglich. Übergriffe und Folter gibt es vor allem bei der Gestapo, die über ein eigenes System in den Gefängnissen verfügt. Von den Verhören der Gestapo kommen Häftlinge oft blutig geprügelt und schwer verletzt zurück. Manche sehen den letzten Ausweg nur noch im Selbstmord. Allein in den knapp zwei Jahren von Dezember 1936 bis September 1938 bringen sich in Köln 130 Gefangene um. Natürlich bekommen

---

63 S. hierzu und zum Folgenden: Stefan Thiesen, Strafvollzug in Köln 1933–1945, Berlin 2011.

die anderen Insassen das mit. Ein Grauen erfasst die Gefangenen, wenn Todesurteile vollstreckt werden. Der Klingelpütz ist
nicht nur eine Strafvollzugsanstalt, sondern auch eine von elf
großen Hinrichtungsstätten in Deutschland. Am Vortag wird
das Podest im Gefangenenhof errichtet und die Guillotine ist für
viele Insassen sichtbar, da sie über die Mauerkrone ragt. Zudem
wird aus diesem Anlass immer das „Arme-Sünder-Glöckchen"
geläutet. Die Todesurteile werden auf grellroten Plakaten der Bevölkerung zur Kenntnis gegeben, um abzuschrecken. Da die
Guillotine wegen ihrer Herkunft aus Frankreich als artfremd
gilt, werden die Todesurteile mit dem Handbeil vollstreckt. Als
die Zahl der Hinrichtungen jedoch zunimmt und die Ausfüh-
rung mit dem Handbeil immer mehr auf Hemmungen bei den
Scharfrichtern stößt, wird die Guillotine wieder vorgeschrieben.

Eine Verzweiflungstat – die Meldung zum Fronteinsatz

Arnolds depressive Stimmungen werden stärker, obwohl der
Anstaltsarzt Dr. Kapp sich um Hafterleichterungen für ihn bemüht und ihn auf die Beobachtungsstation verlegt. Im Jahr 1939
braut sich bei Arnold etwas zusammen. Er kann die Situation
des Ausgeschlossenseins und der Demütigung kaum noch ertragen und sucht verzweifelt nach einem Ausweg. Er entschließt
sich, sich als Freiwilliger für den Krieg zu melden. Am 8. September, also eine Woche nach dem Einmarsch der Reichswehr
in Polen, richtet er an den Generalstaatsanwalt das folgende
Schreiben: „Ich bitte um die Genehmigung, mich freiwillig zur
kämpfenden Truppe zu melden. In den vergangenen Jahren habe
ich das Verbrecherische meiner Tat erkannt und mir die Weltanschauung des Nationalsozialismus restlos zu eigen gemacht. Es
ist mein heißer Wunsch, wo Deutschland um Sein oder Nicht-

sein kämpft, mich gänzlich und bis zum Letzten für Volk und Führer einzusetzen. Ich bitte, mir diese Gelegenheit, meine Gesinnungsänderung zu beweisen, die Vergangenheit auszulöschen und meine Ehre wieder zu erkämpfen, nicht zu versagen."[64] Und an den Vater schreibt er ergänzend: „Es ist mir tief schmerzlich, dass ich Euch damit ein neues Opfer auferlegen muss. Ich kann nur nochmals sagen: Es ist das Höchste auf Erden, was mich zu diesem Schritt bestimmt hat: Volk und Vaterland und die persönliche Ehre. ... Du weißt auch, wie schwer ich unter dem Gefühl des Ausgestoßenseins gelitten habe. Bisher konnte ich mir wenigstens noch sagen, dass ich selbst das Beste gewollt und nur als irregeleiteter Mensch mein Verbrechen begangen habe. Wollte ich aber nun die Strafe benutzen, um mich meiner Pflicht gegen Führer und Volk zu entziehen, so könnte ich mich nur noch verachten. Und wenn ich auch mein Leben dadurch retten würde, so könnte ich dessen vor mir selbst und anderen nie froh werden, da es immer mit der Schmach meiner Vergangenheit befleckt ist."[65]

Für seine Eltern bedeutet das einen schweren Schlag. Sie sind schier verzweifelt, dass all ihre Kämpfe um das Leben und die Zukunft Arnolds vergeblich gewesen sein sollen, und befürchten, dass er im Krieg umkommen werde. Und dennoch bleiben sie loyal zu ihm und sichern ihm auch für dieses Vorhaben jegliche Unterstützung zu. Kaum vorstellbar. Die Ablehnung seines Gesuchs einen Monat später erschüttert Arnold tief. Doch er gibt nicht auf. In einem Brief vom 12. Mai 1940 an den Leiter des Gaues Westfalen legt er nach:

---

64 BAB, R 3018 (alt NJ)/ 10767, Gerichtsakte, Schreiben an den Staatsanwalt in Hamm vom 8.9.1939.

65 Ebd., „Brief an den Vater vom 8.9.1939.

„Seit Langem habe ich die unerschütterliche Überzeugung gewonnen, dass nur der Weg, den Adolf Hitler uns gewiesen hat, zu Glück und Größe unseres Volkes führen kann. In dieser Zeit habe ich unaufhörlich an mir gearbeitet, um mich innerlich ganz auf das große Werk des Führers auszurichten, durch Studium des Buches ‚Mein Kampf‘ und anderer Werke des Nationalsozialismus sowie der Reden des Führers und seiner Mitarbeiter, in den letzten Jahren auch besonders durch aufmerksames Verfolgen der politischen Entwicklung anhand des hiesigen Gauorgans der NSDAP, des Westdeutschen Beobachters."[66]

Die Schreiben Arnolds sind dramatisch und drücken schiere Verzweiflung aus. Die vielen Sorgen, die ihn peinigen, die erniedrigenden Lebensumstände und als ein beständiges Thema sein Gefühl des Ausgestoßenseins. Er kann das alles nicht mehr ertragen. Ob er aber als hochintellektueller Mensch deshalb zum Schluss gekommen ist, Volk, Vaterland und persönliche Ehre seien das Höchste auf der Erde, darf man anzweifeln. Auch seine Lobpreisung von Führers „Mein Kampf" klingt wenig überzeugend. Näher liegt der Gedanke, er will all seinem Leiden ein Ende setzen, sei es zunächst durch den Einsatz an der Front, sei es auch durch das hohe Risiko, dort zu Tode zu kommen.

Bekenntnisse zu Volk, Vaterland und Führer?

Zu Beginn seiner Haftzeit bekennt sich Arnold offen zu seinen Aktivitäten und hält sie auch weiterhin für vollkommen richtig. Im Laufe des Jahres 1937 stellt das Gefängnispersonal einen Wandel fest, der jedoch auf zwiespältige Wahrnehmung stößt. So berichtet der Zuchthausdirektor in einem Schreiben vom No-

---

66 Ebd., Schreiben an den Gauleiter des Gaues Westfalen vom 12.5.1940.

vember 1937: „Die Mehrzahl der Beamten bezweifelt aber die Echtheit dieser inneren Umstellung und vertritt ... den Standpunkt, dass es sich höchstens um eine rein äußerliche Umstellung handeln könne, die nur den Zweck verfolgt, eine Haftentlassung zu erreichen."[67] Der zuständige Oberregierungsrat im Kölner Gefängnis berichtet dazu an den Generalstaatsanwalt im Februar 1939: „Münster ist fleißig und auch willig. Er gibt aber durch sein unaufgeschlossenes Wesen eine nur geringe Möglichkeit zur Prüfung der Frage, ob eine echte und nachhaltige Gesinnungsänderung bei ihm eingetreten ist."[68] Eine davon abweichende vorsichtige Meinung gibt der Gutachter Kapp zu Protokoll: „Münster ist ein Mensch, der sich nur schwer und im Letzten wohl nie ganz erschließt, der sich ein gewisses Reservat wohl immer bewahrt. Im Übrigen ist er aber jetzt wohl so einsichtig, dass er einen genügenden Abstand zu seiner Straftat und der ganzen Haltung, aus der die Tat entsprungen ist, gewonnen hat; über diese Einsicht hinaus hat er sich wohl auch innerlich von seiner Tat und von seiner früheren Gesinnung distanziert, wenn das auch wegen seiner allgemeinen Zurückhaltung nur mit einer gewissen Vorsicht gesagt werden kann." „Mit der dadurch gebotenen Reserve kann man, wenn ein Gnadenerweis erwogen wird, einen solchen empfehlen."[69] Da jedoch Zweifel an der Echtheit der Wandlung Arnolds bestehen, lehnt der Reichsminister der Justiz das Gnadengesuch der Eltern mit Schreiben im Juni 1939 ab.[70]

---

67 Landesarchiv NRW – Abteilung Rheinland – Gerichte Rep. 132 Nr. 496, Strafanstalt Münster, Personalakte Arnold Münster, S. 124.
68 Ebd., S. 128.
69 Ebd., S. 130.
70 Ebd., S. 137.

In zahlreichen Stellungnahmen bekundet Arnold seinen inneren Wandel. Sie betreffen sowohl das Verhältnis zu Annemarie Heuß als auch seine politische Einstellung. „Es wurde mir klar, dass das Wesen und die Erfüllung wahrer Reue nicht in unfruchtbarem Grübeln über die Vergangenheit bestehen, sondern in einer neuen Ausrichtung auf die Zukunft. Ich bemühte mich daher in der Folgezeit, mir auch ein neues politisches Weltbild zu erarbeiten. Aus der Gefängnisbücherei erbat ich mir nationalsozialistische Literatur, zuletzt als ‚Extrabuch' zum eingehenden Studium das Buch des Führers ‚Mein Kampf'. Ich erkannte und erlebte innerlich die Begriffe ... Volk und Vaterland. ... Der Rückblick auf die eigene Entwicklung bot mir das deutlichste Beispiel für den Zusammenhang der volkszersetzenden Tätigkeit des Judentums mit dem Bolschewismus."

Arnolds politische Bekenntnisse lesen sich angesichts der hohen Intelligenz und der Bildung des jungen Mannes so übertrieben, dass es schwerfällt, diesen Beteuerungen Glauben zu schenken und in ihnen etwas anderes zu sehen als Schreiben, die für die Nazis bestimmt waren. „Parallel damit offenbarte sich der verbrecherische Charakter des Bolschewismus, der im fanatischen Kampf gegen natürliche und übernatürliche Ordnung die Menschheit in das Chaos zu stürzen versucht, um sie unter die Sklaverei einer minderwertigen Rasse, des Judentums, zu bringen."[71]

Recht heftig fallen auch seine Äußerungen über seine Verlobte Annemarie Heuß aus: „Dass ich aus der Strafanstalt heraus noch die Beziehung zu Fräulein Heuß aufrechterhielt, erklärt sich einmal daraus, dass ich mich selbst noch gebunden fühlte, dann aber aus der Tatsache, dass ich erst später, im Winter

---

71 Archiv LWL, Bestand 656, Patientenakte Eickelborn, Bericht vom 1.10.1937.

1935/36, die volle Erkenntnis der Schwere meines Verbrechens, den radikalen inneren Bruch mit meiner sittlichen und politischen Vergangenheit und die Ausrichtung auf eine neue Zukunft gewann. Heute danke ich der Vorsehung dafür, dass es mir ermöglicht worden ist, ohne in Konflikt mit meinem Wort zu kommen, eine Beziehung zu lösen, von der ich zutiefst überzeugt bin, dass sie mich ins Unglück gestürzt hätte."[72] Auch die Einlassungen zu seinem früheren Leben klingen recht überzogen. „Was insbesondere das Abirren in die Bahn ungesunder, beim normalen Menschen Ekel erregender Erotik betrifft, so hat hier zweifellos eine wesentliche Rolle gespielt, dass vom 12. bis zum 20. Lebensjahr das ausgleichende Moment gesunder körperlicher Betätigung (Sport etc.) fast vollständig bei mir gefehlt hat. ... Ich empfinde Reue und Abscheu darüber. Dies gilt insbesondere auch für das Verhältnis mit Frl. Heuß; auch abgesehen von dem derzeitigen Verbot eines Verkehrs betrachte ich es als abgebrochen und würde den Gedanken an eine Wiederaufnahme scharf ablehnen."[73]

All die Briefe und Stellungnahmen Arnolds zu seinem vermeintlichen eigenen Wandel reduzieren sich auf einen äußerst plakativen Einsatz von einigen Schlüsselbegriffen der Naziideologie. Das Vokabular hat sich Arnold gut angeeignet. Indes weist keinerlei ernsthafter Versuch der Argumentation auf einen Wandel zum Nationalsozialismus hin. Viele Indizien wie seine immer wieder erwähnte Verschlossenheit, seine Äußerungen nach dem Krieg, die Einschätzungen anderer und auch der Brief der Mutter mit dem Verweis auf H. deuten vielmehr darauf hin, dass er sich radikal und mit großer Disziplin verstellt hat. Mit

---

72 Ebd.
73 Ebd., Erklärung vom 2.7.1937.

Recht hat er keinen anderen Ausweg aus seiner schrecklichen Situation gesehen, als sich – zumindest scheinbar – den Machthabern zu unterwerfen und anzudienen. Es ist schwer zu beurteilen, inwieweit Arnold in dieser Zeit einen Weg zurück zum Glauben gefunden und sich von den Ideen des Kommunismus abgewandt hat. Nach dem Krieg hat er jedenfalls an das kommunistische Gedankengut nicht mehr angeknüpft, aber er ist auch nicht als besonders katholisch und gläubig in Erscheinung getreten.

„Umerziehung" durch körperliche Arbeit

Im Jahr 1941 kommt die Nachricht, Reichsführer SS Heinrich Himmler stimme einer Begnadigung Arnolds zu und der Reichsminister der Justiz befürworte dies ebenfalls. Er soll zunächst in einer Anstalt mit Ausgangsbeschränkung untergebracht werden, damit die Gestapo ihrer Pflicht der Nachüberwachung enthoben werde. Sein Vater Rudolf hat sich kundig gemacht und die Provinzial-Landespflege- und Arbeitsanstalt Geseke als geeignet herausgefunden und deren Direktor Erich Stiepermann um die Aufnahme seines Sohnes gebeten. Stiepermann hat die Leitung der Anstalt im Jahr 1936 übernommen und ist ein überzeugter Nazi, der wegen seines Ehrgeizes schon aufgefallen und mit seinen Methoden nicht zimperlich ist.[74]

Arnold wird die Auflage erteilt, bis zum 31. Januar 1943 in der Landespfleganstalt Geseke im Kreis Lippstadt als „Pflegling" Arbeiten zu verrichten. Für sein Studium werden ihm zwei Stun-

---

74 Nach dem Krieg vermerkte der Provinzialverband Westfalen, Stiepermann habe die Anstalt in eine Art Arbeitsanstalt umgewandelt, indem er noch die letzte Arbeitskraft für die Kriegsproduktion mobilisiert habe, s. Schreiben vom 28.6.1951 in Archiv LWL, Bestand 664, Patientenakte Arnold Münster, S. 85.

den täglich genehmigt. Sein Vater Rudolf schreibt über Geseke: „Die Anstalt ist ein ehemaliges Franziskanerkloster mit angebauter schöner Barockkirche. Sie umschließt die Säle für die Belegschaft, Arbeitsräume verschiedener Handwerke, auch einige Besuchszimmer. Der Direktor ist, wie mir schon der zuständige Landrat sagte, ein sehr ‚eigenartiger‘ Mann, der sehr vorsichtig zu behandeln ist. Arnold kann vorerst kein Einzelzimmer erhalten. Er ist der ziemlich strengen Hausordnung unterworfen, muss die Tagesarbeit mitmachen und kann sich nur in den Arbeitsstunden sowie Samstagnachmittag und sonntags mit seinem Fachstudium beschäftigen. Ein wirklicher Lichtblick ist, dass wir circa alle zwei Wochen Samstagnachmittag und Sonntag mit ihm zusammen sein und ihn mit uns in das Städtchen, auch ins Hotel nehmen dürfen. Da verleben wir dann schöne, inhaltreiche Stunden miteinander. Der Anstaltsdirektor zeigt nur in der Ausgangsgenehmigung bei unsern Besuchen Entgegenkommen, im Übrigen hielt er seine Zusagen nicht.“[75]

Direktor Stiepermann formuliert eine stramme, ans Sadistische anklingende Richtlinie für Arnolds „Umerziehung“. Nach der Akteneinsicht habe er nicht den Eindruck, dass Arnold mit „bitterem Ernst“ darum kämpfe, „durch Arbeit, Fleiß und Gehorsam wieder in die Volksgemeinschaft aufgenommen zu werden“. „Die Schwierigkeiten liegen in einer … an den Tag gelegten gewissen charakterlichen Entartung und durchaus schmutzigen Gesinnung und in der schon angedeuteten Intelligenz, mit deren Hilfe und mit durchaus gerissener Dialektik und wissenschaftlich verbrämter Begriffshaarspalterei er seine Umgebung über sein wahres Denken im Unklaren zu halten vermag. Wenn es dem Vater mit seinem Wunsche ernst ist, mag er seinen Sohn

---

75 Rudolf Münster, Autobiografie, Teil II, S. 18/19.

hierhergeben. Selbstverständliche Voraussetzung ist, ...dass einstweilen körperliche Arbeit und nicht Büroarbeit infrage kommt, denn auch geistige ‚Schlacken' können durch die Haut ausgeschieden werden, wie ein mäßiges Transpirieren diesem Prozess förderlich ist, und schließlich, dass über die Erziehungsmaßnahmen, die ja einzig und allein zum Besten des M. getroffen werden, meine Entscheidungen im Rahmen meiner Dienstvorschriften maßgebend sind."[76]

Zu der Bitte von Arnold, er hätte gerne Gelegenheit, sein Studium fortzusetzen, notiert der Anstaltsleiter: „Darauf wurde ihm zur Antwort dass um 20 Uhr abends in der Anstalt Bettruhe zu herrschen habe, praktisch für ihn also nur die Zeit nach dem Abendbrot, das sei 18.30 Uhr bis 20 Uhr, infrage käme. Ich beabsichtige aber in seinem Interesse, ihn zur völligen Umstellung des Gesamtorganismus körperlich so zu beschäftigen, dass er vor gesunder Müdigkeit abends keinen anderen Wunsch habe, als sich möglichst schnell in seine Falle zu begeben."[77] Stiepermann legt weiter nach und geißelt Arnold des Egoismus: „Überdies müsse er sich mal vorstellen: der Jahrgang 1936 von seinem Studium weit weg, in den Arbeitsdienst gekommen, habe 1937 Soldat werden müssen. Infolge der zweijährigen Dienstpflicht sei er 1938 nicht entlassen worden, sondern bis 1939 unter der Fahne geblieben. Dann sei er in den Krieg gezogen, habe unter Einsatz seines Lebens die bisherigen Feldzüge mitgemacht und stehe jetzt, 1942, in bitterster Kälte und unter unvorstellbaren Entbehrungen an der Front. Das seien sieben harte Jahre Einsatz für das Vaterland. Und was habe er gemacht? Er habe sich schwer gegen sein Vaterland vergangen. Es passe deshalb

---

76 Archiv LWL, Bestand 664, Patientenakte Arnold Münster, S. 17, Schreiben vom 8.10.1941.
77 Ebd., S. 32, undatierter Vermerk.

schlecht zu seinen und seiner Eltern fortgesetzten Beteuerungen, er habe sich völlig geändert und sei glühender Verfechter der Ideen des Führers geworden, wenn er die Zeit der Verhinderung der Einzigen, die Anspruch auf Förderung hätten, nämlich der Frontsoldaten, benutzen wolle, jetzt zu studieren und sich dadurch, begünstigt durch die augenblickliche Konjunktur, ins gemachte Bett zu legen, auf das andere berechtigten Anspruch hätten. ... M. sah das alles ein, dankte für die ihm gegebene Aufklärung und versprach, sich danach zu richten."[78] Was kann Arnold auch anderes tun?

In dem Vermerk über das Gespräch mit Auguste am 10. Januar 1942 lässt der Direktor seinen Aggressionen gegen die Akademikerfamilie freien Lauf: „Sie behauptete u. a., mir sei sicher noch nicht bekannt, dass ein Professor Sowieso ihren Sohn zur Leistung wissenschaftlicher Forschungsarbeiten angefordert habe, es handele sich um die Untersuchung von Rundgeweben usw. usw. Ich unterbrach diesen populärwissenschaftlichen Aufklärungsvortrag mit der Bemerkung, dass mich das nicht interessiere. ... Nun sprach Frau M. weiter, ihr Sohn sei nach dem Urteil irgendeines wissenschaftlichen Mannes geradezu als eine fachliche Kapazität anzusprechen, es liege doch im Interesse des Reiches, wenn er durch seine Forschertätigkeit der Wissenschaft diene. Ich gab ihr zur Antwort, dass ich in meinem Leben nur wenig Achtung vor sogenannten Kapazitäten gehabt hätte, dass mich aber ihre Behauptung, ihr Sohn sei eine Kapazität, um den sorgsam gehüteten Rest meiner Achtung vor derartigen Leuten bringe."[79] In einem Brief an seine Mutter schreibt Arnold dann dankbar für die Belehrungen und dem ihm in Geseke gewiese-

---

78 Ebd.
79 Ebd.

nen Weg. Natürlich war auch dieser Brief vor allem für die Lektüre des Anstaltsleiters gedacht.

Seine sadistischen Methoden hat Stiepermann in einer Schrift mit dem Titel „Der Widerspenstigen Zähmung" niedergelegt. Diese wird in den Gerichtsakten zitiert, ist aber als gedrucktes Exemplar nicht mehr auffindbar. Unter anderem beschreibt er eine eigens von ihm erfundene Foltermethode der Kaltwickel, bei der seine Opfer in mit kaltem Wasser getränkte Tücher so fest eingewickelt werden, dass sie sich nicht mehr rühren können. Teilweise wird durch zusätzliche Riemen die Blutzufuhr zu den Füßen unterbrochen, dass diese blau anlaufen. Eine andere Foltermethode wendet Stiepermann an, indem er Gefangene für 22 Tage im Winter in ungeheizte Zellen bei weitgehendem Entzug der Kost einsperrt. Oder er spritzt ihnen Apomorphin, was zu Stuhlentleerung und krampfartigen und lang anhaltendem Würgen und Erbrechen führt. Stiepermann wird 1943 wegen unterlassener Hilfeleistung zu eineinhalb Jahren Gefängnis verurteilt, da er sich geweigert hat, Bombenflüchtlinge in seine geräumige Wohnung vorübergehend aufzunehmen. In diesem Jahr wird er wegen eines nervösen Zusammenbruchs in den Ruhestand versetzt.

Nach dem Krieg verbringt er zwei Jahre im Internierungslager der Militärregierung Eselheide. Es gelingt ihm, sich als Verfolgter des Naziregimes zu inszenieren. Der Rechtsanwalt benennt Zeugen, die aussagen, dass Stiepermann sich als „Widerstandskämpfer gegen die Partei Hitlers betätigt und sich auch in der Öffentlichkeit als solcher bekannt hat."[80] Seine Zeit im Gefängnis und dann im Internierungslager fasst er später in einem Rechtsstreit um Versorgungsbezüge so zusammen: „Wenn ich also irgendwelche Übeltaten begangen haben sollte, so möchte

---

80 Landesarchiv NRW, NW 1037-BIV, Sign. 4799, Schreiben vom 7. 2.1952.

ich annehmen, dass diese durch die furchtbare Zeit, die hinter mir liegt, und durch die Entbehrungen, denen ich jetzt ausgesetzt bin, mehr als abgegolten sind. Es hat wohl selten ein Mensch so viel Leid erfahren und so ein schweres Schicksal zu tragen wie ich."[81] Er wird zunächst nach dem Gesetz zur Befreiung von Nationalsozialismus und Militarismus in die Kategorie V eingestuft, also entlastete Personen, die vor der Spruchkammer nachweisen konnten, dass sie nicht schuldig waren. Doch der Berufungsausschuss der Entnazifizierungskommission nimmt auf Intervention des Innenministers diese Einstufung zurück und bewertet ihn mit der Kategorie III, also als Mitläufer. Stiepermann sei seit 1932 Mitglied der NSDAP gewesen, habe zahlreiche Aufgaben übernommen und sei in seiner beruflichen Laufbahn Nutznießer und Günstling der NS-Partei gewesen.[82] Der Oberstaatsanwalt bescheinigt ihm, als Direktor der Anstalt ein gefürchteter, fanatischer Anhänger des Nationalsozialismus gewesen zu sein. Außer seinen Grausamkeiten gegenüber den Pfleglingen habe er veranlasst, Heiligenbilder als Kitsch zu entfernen und durch Nazisprüche zu ersetzen, und bei Wahlen habe er die Abstimmungszettel daraufhin überprüft, für wen die Pfleglinge gestimmt hätten.[83]

Himmlers Gnadenerlass und Bewährungsbataillon 999

Anfang 1943 hat Arnold seine Auflage erfüllt und seine Zeit bei der Landespflegeanstalt absolviert. Durch den Gnadenerlass Himmlers kommt er acht Jahre nach der Verhaftung wieder in

---

81 Landesarchiv NRW, NW 1037-BIV, Sign. 4799, Schreiben vom 21.10.1952.
82 LA NRW, NW 1037-BIV, Sign. 4799, Entscheidung des Berufungsausschusses vom 24.11.1949.
83 LA NRW, NW 1037-BIV, Sign. 4799, Schreiben vom 14.7.1953.

Freiheit. Üblicherweise würde sich in der Folge der Freilassung die Gestapo seiner zur „Nachüberwachung" annehmen, ihm weitere Auflagen erteilen, ihn möglicherweise auch in „Schutzhaft" nehmen und anschließend in ein KZ schicken. Arnold entgeht diesem Schicksal. Wesentlich zu verdanken hat er seine Begnadigung dem strategisch klugen Agieren seines Freundes und Schwagers Paul Ohlmeyer.[84] Dieser hat schon Anfang der Vierzigerjahre – also noch zur Zeit der Haft – Vorbereitungen dafür getroffen, dass Arnold als wissenschaftlicher Mitarbeiter des Tuberkulose-Instituts dringend benötigt werde. Diese Argumentation hatte Himmler überzeugt, zu Arnolds Begnadigung und anschließend zu seiner Anstellung bei dem Institut geführt.[85]

Im Februar 1943 tritt Arnold seine Stelle bei dem nach Frankfurt umgezogenen Institut für Therapieforschung an. Er nimmt sich ein Zimmer in der Pension Minerva im Westend. Da er neu und zunächst fremd in Frankfurt ist, empfiehlt ihm sein Mentor und Freund Paul Ohlmeyer Lilly Curtius als Anlaufstelle, an die er sich jederzeit wenden könne. Ohlmeyer selbst, obwohl verheiratet, verehrt Lilly und schwärmt für sie schon seit einigen Jahren, was er einer großen Zahl von sehr emotionalen, fast literarischen Briefen ausdrückt.[86] Aus der Begegnung zwischen Lil-

---

84 Paul Ohlmeyer (10.1.1908–31.1.1977) war verheiratet mit Maria (genannt Ria) Schlüter, geb. am 18.1.1909 in Merzig als Tochter von Arnold Schlüter (Bruder von Auguste Münster-Schlüter) und Maria Reichensperger. Er ist eine faszinierende Persönlichkeit mit breit gefächerten Interessen. Von Haus aus Naturwissenschaftler sind seine großen Leidenschaften Musik und Poesie. So verfasst er Gedichte, die Arnold vertont, allerdings ist davon leider nichts erhalten. Nach dem Krieg veröffentlicht er seine Übersetzung der Hymnen von Racine. Später, im Jahr 1948, wird er Gründungsdirektor des Leibniz-Instituts in Tübingen, das auf Initiative der französischen Militärregierung eingerichtet wird und vor allem der studierenden Nachkriegsgeneration ein tieferes Demokratieverständnis vermitteln soll. Unter anderem wirken Persönlichkeiten wie Theodor Heuss, Romano Guardini und Carl Friedrich Freiherr von Weizsäcker bei der Konzeption des Studienganges entscheidend mit.
85 S. weiter unten „Der Fall Meine".
86 Nachlass Münster.

ly und Arnold ergibt sich nach und nach ein intensiverer Kontakt. Sie besuchen gemeinsam Konzerte und bei Arnold entwickelt sich schon bald eine heftige Liebe. Lilly findet ihn sympathisch, aber nicht zum Verlieben. Seine Widerstandsaktion bewundert sie nicht, sondern steht ihr eher neutral gegenüber und denkt sich: „Wie kann man sich nur so exponieren?"

Für den Start seiner Arbeit am Tuberkulose-Institut gibt Ohlmeyer Arnold noch einige Ratschläge mit auf den Weg: „Sei klug und mach Dich als Theoretiker verdient. Wie ich mich überzeugt habe, kannst Du ein Jahr lang in den Zeitschriften über die Lunge forschen. Lass Dir raten, versprich nie etwas in praktischen Arbeiten. Lass Dir keine Verantwortung aufhalsen. ... Lass es Dir zeigen, lass Dich unterrichten. Tu nicht so, als könntest Du den Leuten was vormachen. Erstens kannst Du es nicht, zweitens sehen die Laien nicht ein, dass der Erfolg von dem Milliamperemeter abhängt, das es schon längst nicht mehr gibt."[87]

Arnold frönt in der gerade gewonnenen Freiheit auch wieder seiner Musikbegeisterung, nimmt Klavierunterricht bei Emma Lübbecke-Job[88], in den Zwanzigerjahren eine international bekannte Pianistin und außerdem langjährige Kammermusikpartnerin des Komponisten Paul Hindemith, mit dem sie auch gut befreundet war. Doch dieses Glück soll für Arnold nicht lange währen. Nach noch nicht einmal einem Jahr wird er für Januar 1944 zur Ausbildung für das Bewährungsbataillon 999 in den Truppenübungsplatz Baumholder eingezogen.

---

87 Nachlass Münster, Brief von Paul an Arnold vom 18.1.1943.
88 Emma Lübbecke-Job (1888–1982) hat zahlreiche Werke von Hindemith und anderen Komponisten der Moderne uraufgeführt. Sie gibt ihre erfolgreiche Karriere als Konzertpianistin 1934 auf, nachdem die Nazis sie als „Kulturbolschewikin" abgestempelt haben. Zwischen 1945 und 1949 tritt sie noch öffentlich auf, widmet sich dann aber mehr der musikpädagogischen Tätigkeit.

Dieses Bataillon wird aufgrund eines Geheimerlasses von Hitler ins Leben gerufen. Die Nazis legen besonderen Wert auf die Geheimhaltung des Projektes gegenüber der Bevölkerung, da die offizielle Propaganda über Zuchthauseinheiten anderer Armeen herzieht. Das Bataillon setzt sich zusammen aus sogenannten Wehrunwürdigen, d. h. ehemaligen Häftlingen und Häftlingen, die direkt aus der Strafanstalt kommen. Die Politischen machen ungefähr ein Drittel des Bewährungsbataillons aus. Von Oktober 1942 bis September 1944 werden 28.000 bislang „Wehrunwürdige" in die Bewährungstruppe 999 eingezogen. Zwei Drittel von ihnen haben ihre Strafe verbüßt, während der Rest direkt aus den Strafanstalten kommt.

Karl von Holoubek[89], der unter dem Titel „Hitlers seltsame Division" Zeugnis von dieser Einheit abgelegt hat[90], hebt den hohen Anteil von Kriminellen und die besondere Schinderei während der Ausbildung hervor. Bei den 999ern ist es von Anfang an gängige Praxis, Todesurteile aus „Abschreckungs- und Erziehungsgründen" vor der versammelten Truppe zu vollstrecken. Allein während des Ausbildungsbetriebes findet dieses makabre Schauspiel in der Zeit von Dezember 1942 bis Oktober 1944 an 40 Tagen mit insgesamt 65 Todeskandidaten statt.

Die Politischen sind in dieser Einheit auch weiterhin recht aktiv und organisieren bei ihrem Kriegseinsatz u. a. gemeinsame Überläuferaktionen. Im Jahr 1944 gibt es vor allem auf dem Balkan vielfältige Widerstandsaktionen der Politischen. „Besonders auf dem Peleponnes, im Raum Volos-Larissa sowie auf der Festungsinsel Leros kam es zu umfangreichen Aufstandsvorbereitungen, die teilweise in Zusammenarbeit mit griechischen

---

89 Schriftsetzer und späterer SPÖ-Politiker, 1938 vom Volksgerichtshof in Berlin zu zwei Jahren schwerem Kerker verurteilt.

90 Nachlass Münster, maschinengeschriebenes Manuskript.

Partisanen und britischen Verbindungsoffizieren durchgeführt wurden."[91] Himmler nimmt diese Entwicklung zum Anlass, die 999er-Ersatz-Brigade im September 1944 wieder aufzulösen.

Zu der Einberufung Arnolds schreibt sein Vater in seinen Erinnerungen: „Der 5. Januar brachte Arnolds Einrücken zur Wehrmacht – wenige Tage vorher hatte er den Gestellungsbefehl erhalten, auf unmittelbare Anweisung von Berlin: Er soll Gelegenheit haben, alle Folgen seines Fehltritts zu beheben! Bis Ende 1944 läuft ja die ‚Bewährungsfrist', dann erst wird die ‚bedingte' Begnadigung durch die endgültige Begnadigung ersetzt. Aber dann laufen noch die fünf Jahre ‚Verlust der bürgerlichen Ehrenrechte'. Das verbrecherische Urteil vom Juni 1935, das ‚Brotkorb-Richter' gefällt, ist eine bleibende Schmach für deutsche Justiz, für den deutschen Richterstand!"[92]

Als eine jähe Unterbrechung eines hoffnungsvollen Neubeginns sieht sein Bruder Clemens die Einberufung Arnolds zur Wehrmacht: „Ich bin sehr traurig darüber, dass Du aus dem sich gerade so schön anbahnenden wissenschaftlichen und privaten Leben wieder herausgerissen wirst. Immerhin hast Du erfahren, dass und wie es Dir gelungen ist, damit fertig zu werden. ... Du hast die Chance dieses Dreivierteljahres gut genutzt!" Und er gibt ihm ebenda auch gleich einige gute Ratschläge für das Soldatsein mit auf den Weg: „Sei Fatalist, d. h., melde Dich nie freiwillig, aber drücke Dich auch nicht. ... Schweige – der Vorgesetzte hat immer recht."[93]

---

91 S. Hans-Peter Klausch, „Erziehungsmänner" und „Wehrunwürdige", Die Sonder- und Bewährungseinheiten der Wehrmacht, in „Die anderen Soldaten", Hans-Peter Klausch, Frankfurt am Main 1997, S. 77 ff.

92 Rudolf Münster, Autobiografie, Teil II, S. 40.

93 Nachlass Münster, Brief von Clemens an Arnold Münster vom 4.1.1944.

Teil II: Lilly
Die Kindheit von Lilly Curtius – rauchende Schlote und Arbeiteraufstände in Oberschlesien

Im gleichen Jahr wie Arnold – nämlich 1912 – wird in Bismarck-hütte seine spätere Frau Lilly Curtius geboren. Bismarckhütte ist ein kleiner Ort mit 22.000 Einwohnern und liegt im oberschle-sischen Industriegebiet, nach dem Ruhrgebiet das wichtigste Zentrum der Schwerindustrie im Deutschen Kaiserreich. Der Bergbau fördert hier ein Viertel der deutschen Kohle. Noch ge-hört diese Region politisch zu Deutschland. In der Folge der Versailler Verträge findet eine Volksabstimmung statt. Im Vor-feld agitieren sowohl die deutsche als auch die polnische Seite mit aggressiven Wahlkampagnen und abenteuerlichen Verspre-chen, wie z. B. jedem Wähler eine Kuh zu schenken. Schließlich wird dieser Teil Oberschlesiens auf einer Botschafterkonferenz in Paris während des Jahres 1921 Polen zugeschlagen.

Die Hüttenwerke bilden die wirtschaftliche Basis des Ortes. Sie beschäftigen rund 7.000 Arbeiter und ernähren damit im Wesentlichen die Bevölkerung. Mit ihren ersten Atemzügen saugt Lilly die staubige Luft der Hüttenwerke ein. Die zahlrei-chen hohen Schlote der Eisen- und Stahlproduktionsanlagen, aus denen die Abgase in den Himmel steigen, prägen den An-blick des Ortes, wie auf alten Fotografien noch gut zu sehen. Dichte Rußwolken verdunkeln den Himmel, die Auswürfe der Hütte dringen in alle Ritzen und Poren ein. Zum Trocknen auf-gehängte frisch gewaschene weiße Laken und Tücher erhalten schnell einen grauen Schleier.

Das Leben in dem Arbeiterstädtchen bedeutet vor allem Ma-loche in den Eisen- und Stahlwerken. Der Alkohol hilft, die Last des Alltags wegzuspülen. Am Ersten des Monats fließt er in Strömen. Die Wirtschaften machen guten Umsatz und die Betrunkenen liegen in den Straßen. Neben der Masse der Hüttenarbeiter und ihren Familien wohnt in dem Ort nur eine kleine Oberschicht von Beamten und leitenden Angestellten.

Die Arbeitsbedingungen in Oberschlesien sind weit schlechter als die im Ruhrgebiet und die Löhne deutlich niedriger. Die nationale Spaltung verschärft die sozialen Gegensätze. Mittel- und Oberschicht setzen sich vor allem aus Deutschen zusammen, während die Arbeiter überwiegend Polen sind. Es kommt immer wieder zu Unruhen und Streiks. Die Wut der Arbeiter richtet sich gegen ihre Ausbeuter, die in aller Regel Deutsche sind.

Väterlicherseits entstammt Lilly einer alten Arztfamilie aus Bayern, deren Spuren bis zu Beginn des 18. Jahrhunderts zurückzuverfolgen sind.

Im 19. Jahrhundert nimmt eine herausragende Rolle die schillernde Persönlichkeit des Arztes Ludwig Curtius ein. Er dient von 1852 bis 1858 als Stabsarzt unter Ludwig I. in Bayern. In München betreibt er eine sehr gut gehende Praxis, hält sich Wagen und Pferde und lebt auf großem Fuße. In seinem Stammlokal „Blaue Traube" gibt er üppige Gelage und führt ein stets offenes Haus.

Da er mehrere Sprachen unter anderem auch Spanisch beherrscht, wird er Leibarzt der berühmt berüchtigten Tänzerin Lola Montez, der Geliebten des bayerischen Königs Ludwigs I. Diese aber hat in München wegen ihres leichten Lebenswandels keinen guten Ruf. Im Gegenteil. Innerhalb nur eines Jahres gelingt es ihr durch skandalträchtiges Verhalten und ihre Verführungskünste, die kaiserliche Residenzstadt gehörig durcheinander zu bringen.[94] Ihr Gebaren ruft Proteste und Demonstratio-

---

[94] Siehe Reinhold Rau, Lola Montez, Die königliche Maitresse, München 1996 S. 124

nen hervor. Unter anderem wird ihr die Aufnahme in den München-
chener Kunstverein verweigert, obwohl der König diese höchst-
persönlich beantragt hat. Ludwig Curtius muss für seine Beziehung zur Montez und zu Ludwig I. teuer bezahlen. Da seine
Rolle als Leibarzt von Lola Montez bekannt ist, wird seine Praxis
zusehends gemieden und er verliert mehr und mehr Patienten.
Als Ludwig I. davon hört, erfüllt er Ludwig Curtius den Wunsch,
ihn bei Überspringen eines Grades zum Oberstabsarzt zu be-
fördern. Nachdem der König abgedankt und Lola das Land verlassen hat, zahlen ihm das seine Neider heim. Er wird gegen
seinen Willen von München nach Augsburg versetzt, wo er sich
von seinem üppigen Lebensstil verabschieden muss.[95] Von seinen acht Kindern aus zwei Ehen folgt Ferdinand beruflich dem
Vater und studiert ebenfalls Medizin.

Auch Ferdinands Sohn, der ebenfalls Ferdinand heißt und
Lillys Vater ist, setzt als Arzt die Familientradition fort. Schon in
jungen Jahren verspürt er den großen Drang nach Unabhängigkeit von seinen Eltern. Er will ihnen auf keinen Fall auf der Ta-
sche liegen und schon gar nicht in seiner Geburtsstadt Augsburg
bleiben und sich dort als Arzt niederlassen. Mit gerade einmal
24 Jahren treibt ihn die Abenteuerlust in die Ferne. Er verdingt
sich als Schiffsarzt auf den großen Überseelinien und bereist auf
diesem Weg mehrere Länder Afrikas und Brasilien. Nicht selten
heuern ihn auf hoher See andere Schiffe für die Behandlung von
Notfällen an. Von diesen Reisen bringt er zahlreiche Erinne-
rungsstücke der indigenen Völker mit wie Speere, Schilde und
Kopfbedeckungen und noch mehr Geschichten für den Stamm-
tisch. Doch nach einigen Jahren auf See will er sesshaft werden.
In einem Ärzteblatt findet er die Anzeige für eine Assistenzarzt-

---

95 Siehe Ludwig Curtius, Deutsche und Antike Welt, Stuttgart 1951, S. 64

stelle in Königshütte. Für die meisten Ärzte ist dies eine wenig attraktive Stelle. Wer will schon in einer Arbeiterstadt in einem riesigen Industriegebiet leben? Doch Ferdinand nimmt kurz entschlossen dieses Angebot an und siedelt sehr zum Unwillen seiner Eltern nach Oberschlesien um. Wenig später übernimmt er dann die Leitung des Werkskrankenhauses in Bismarckhütte.

Lillys Mutter Margarethe Ostwald lernt bei den gesellschaftlichen Abenden des Hüttendirektors Robert Scherff den 13 Jahre älteren Ferdinand Curtius kennen, verliebt sich in ihn und heiratet ihn im Jahr 1908 im zarten Alter von 19 Jahren. Das Paar bewohnt ein großzügig gebautes Haus, das die Hütte dem Krankenhausdirektor kostenfrei zur Verfügung stellt. Mit einem Tennisplatz und von einem großen Garten umgeben liegt es mitten zwischen den hohen Schornsteinen. Die Hauswände sind schwarz von Ruß, wie im Inneren die Tapeten auch.

Ein Jahr nach der Hochzeit von Margarethe und Ferdinand kommt ihre erste Tochter Gretel zur Welt. Nach einer schweren Krankheit bleibt sie in ihrer geistigen Entwicklung auf dem Stand eines dreijährigen Kindes stehen. Der Aufenthalt in einer Erziehungsanstalt in Jena bringt nicht die erhoffte Besserung. Sie lernt dort lediglich, Knoten zu knüpfen, Schleifen zu binden und die Schuhe anzuziehen, macht aber ansonsten keine weiteren Fortschritte. Die Eltern stellen eine eigene Erzieherin für sie ein. Lilly leidet unter dieser Lebhaftigkeit, begleitet von jähzornigen Ausbrüchen, liebt aber ihre große Schwester ein Leben lang.

Das Verhältnis zu ihrem kleinen acht Jahre jüngeren Bruder Hans sieht anders aus. In seinen ersten Jahren muss Lilly auf ihn aufpassen. Als sie heranwächst und in die Pubertät kommt, soll sie ihn oft mit zu ihren Freundinnen nehmen. Das passt ihr gar nicht. Denn der kleine Hans plaudert in seiner Kindlichkeit

Dinge aus, die nicht unbedingt für die Ohren der Eltern bestimmt sind. Hans ist ein richtiger Lausbub, der sich seine Freunde auch nicht in der Oberschicht, sondern bei den Schwarzfüßen sucht, wie die Kinder der Hüttenarbeiter genannt werden.

Da Lilly sich trotz ihrer beiden Geschwister mehr oder weniger als Einzelkind fühlt, orientiert sie sich stark an der Familie Scherff. Das Familienoberhaupt Robert Scherff war der Direktor der Bismarckhütte und hat zusammen mit seiner aus Gleiwitz stammenden Frau Maria fünf recht temperamentvolle und lebensfrohe Töchter. Er lässt sich für sein üppiges Gesellschaftsleben eine repräsentative Villa mit einem großen Garten und einem Spielplatz bauen. Das Haus ist mit den Insignien seines Reichtums und seiner Macht als Hüttendirektor ausgestattet, mit wertvollen alten Möbeln und Bildern von berühmten Malern wie Lovis Corinth und Max Slevogt. Für Lilly bedeutet dies der Inbegriff des Schönen. Auch wenn die Scherff-Schwestern – oder Gleiwitzer Tanten, wie sie später im Familienjargon heißen – deutlich älter sind, zieht es Lilly dorthin. Bei Scherffs ist immer etwas los, Lilly wird geherzt und genießt dies umso mehr, als es in der Ehe ihrer Eltern kriselt.

Im Jahr 1931 macht Lilly auf dem Lyzeum in Kroweskiej Hucie etwas mühsam ihren Schulabschluss. Sie tut sich mit dem Polnisch schwer, auch wenn sie sich durch den Alltag in dem zweisprachigen Gebiet schon einige Brocken Polnisch angeeignet hat. Denn als im Jahr 1921 Ostoberschlesien durch den Beschluss der Botschafterkonferenz Polen zugeschlagen wird, erhalten die Bewohner die polnische Staatsbürgerschaft und die Kinder müssen auf den Schulen Polnisch lernen. Ihr Abschlusszeugnis weist ein „Ungenügend" in diesem Fach aus. Das Reifezeugnis ist in Gefahr. Doch der Vater hilft. Ferdinand Curtius lädt einige einflussreiche Lehrer zu sich nachhause ein zu einem üppigen Abendessen mit Flusskrebsen, erlesenen Weinen, viel Wodka und macht gute Stimmung für seine Tochter. Und siehe da, die Fragen bei der Nachprüfung fallen so schlicht aus, dass selbst Lilly sie meistert und das Abitur besteht.

Die sozialen Spannungen in Oberschlesien bekommt Lilly schon als Neunjährige mit. Auf ihren Onkel Scherff, den Generaldirektor der Hütte, wird ein Anschlag verübt. Die Attentäter vermuten ihn auf der rechten Seite des Autos und schießen auf diesen Sitz. Da er jedoch auf der linken Seite sitzt, entkommt er dem Mordversuch, und statt seiner wird ein Angestellter der Hütte erschossen. Die Täter können unerkannt entkommen.

Ihr Vater Ferdinand hätte bei einem Aufstand im Jahr 1922 sein mutiges Eingreifen für den Verwaltungsdirektor der Hütte fast mit dem Leben bezahlt. 6.000 bis 8.000 Arbeiter demonstrieren gegen die Auszahlung der Löhne in polnischer Valuta und ziehen vor die Villa des Direktors Claus Kallenborn. Als dieser die Arbeiter zu beruhigen versucht, stürmen sie das Haus und wollen ihn in den Hochofen werfen. Das tun sie dann doch nicht, sondern sie schlagen ihn blutig und ziehen mit ihm durch die Stadt. Während sie wieder mit dem vollkommen entkräfteten Mann vor dem Verwaltungsgebäude ankommen, schreitet Ferdinand Curtius ein, der die Szene von der Wohnung aus beobachtet hat. Er befiehlt den Arbeitern, den Direktor ins Krankenhaus zu führen. Das tun dann auch einige, bis einer ruft: „Der Curtius, verfluchter German, haut ihn." Sie stürzen sich auf ihn und schlagen ihn ebenso blutig. Nachdem sie von ihm abgelassen haben, findet man ihn blutüberströmt im Verwaltungsgebäude.

Durch den Wechsel Oberschlesiens zu Polen ändern sich die Lebensverhältnisse gravierend. Obwohl die deutsche Grenze ganz in der Nähe verläuft, dürfen die Bewohner ohne deutschen Pass nicht nach Deutschland. Dabei ist es so verlockend. Während in Polen in den Regalen der Läden gähnende Leere herrscht, gibt es in Deutschland alles zu kaufen: Südfrüchte, Textilien, Wein und was das Herz noch mehr begehrt. Doch der deutsche Pass kostet 400 Reichsmark, was viel Geld bedeutet. So bleibt die Familie Curtius in Polen und auch in den Urlauben fährt sie zu polnischen Zielen wie Zakopane oder Zoppot.

Die Ehe von Margarethe und Ferdinand Curtius ist nicht sehr glücklich. Ihre recht unterschiedlichen Charaktere und Neigungen bieten wenig Platz für Gemeinsamkeiten. Ferdinand ist durch den täglichen Umgang mit den Arbeitern im Krankenhaus und die derben Behandlungsmethoden geprägt. Er liebt seine abendlichen Gänge in die Wirtshäuser und das Kartenspiel Tarock bei Bier und Zigarre. Margarethe dagegen ist kulturinteressiert und strebt nach Bildung. Schließlich zeigt sich Margarethe für die Zuneigung eines Verehrers offen. Die gemeinsamen Spaziergänge bleiben nicht geheim, das Verhältnis wird allgemein bekannt. Zu Hause reden Margarethe und Ferdinand schon kein Wort mehr miteinander. Sie zieht sich nach dem Essen in den Salon zurück und er setzt sich ins Herrenzimmer. Schließlich lässt sich das Paar im Jahr 1927 scheiden, die Schuld am Scheitern der Ehe gibt das Gericht Margarethe. Lilly zählt gerade einmal 15 Jahre. Dass die Spannungen im Elternhaus so ein Ende finden, erleichtert sie, auch wenn die Gesamtsituation belastend bleibt. Lilly lebt bei ihrem Vater in Bismarckhütte. Sie kann nun nur noch 14 Tage im Jahr zusammen mit ihrer Mutter verbringen, mehr lässt der Scheidungsvertrag nicht zu. Margarethe zieht zu ihrer Mutter nach Gleiwitz und später nach Düsseldorf. Als geschiedene Frau hat sie es schwer, neue Bekannte zu finden. So verbringt sie ihr restliches Leben ohne einen Partner.

Ferdinand bleibt zunächst in Bismarckhütte, bis sein Vertrag zum 30. Juni 1935 gekündigt wird. Ihm wird vorgeworfen, sich nach der Angliederung Schlesiens an Polen nicht um die polnische Sprache bemüht, sondern seine polnischen Patienten weiterhin in Deutsch angesprochen zu haben. Er habe die Arbeiter ignoriert und gering geschätzt, die sich in polnischer Sprache an ihn gewandt hätten und dadurch „den Ehrgeiz und den nationalen Stolz jedes anständigen Polen verletzt".[96] Sein Widerspruch gegen die Kündigung, er werde als Teil der deutschen Minderheit diskriminiert, hat keinen Erfolg. Ferdinand zieht zurück in seine Heimatstadt Augsburg und beantragt die deutsche Staatsbürgerschaft.[97]

Lillys Studium – dem Leben zugewandt

Im April 1931 besteht Lilly in Polen das Abitur. Nun hegt sie den Wunsch, Kinderärztin zu werden. Doch ihr Vater gibt ihr deutlich zu verstehen, dass sie studieren könne, was sie wolle – nur müsse sie die Ausbildung beenden. Eine Heirat vor dem Examen kommt für ihn nicht infrage. Also hält sie Ausschau nach einem möglichst kurzen Studium und schreibt sich dann für das Wintersemester in Breslau für Zahnheilkunde ein. Sie resümiert ihr erstes Semester: viel Arbeit und nicht allzu viel Spaß.

Doch das ändert sich mit dem Wechsel nach München. Freunde aus Oberschlesien haben ihr schon eine Studentenbude im Me-

---

96 Zeitung Polska Zachodnia Nr. 55 vom 25.2.1934 unter der Überschrift: Wachsendes Gefühl der nationalen Würde unter den Polen.

97 Die aggressive Assimilierungspolitik der polnischen Regierung stand in einem dauerhaften Spannungsverhältnis zu den Vorgaben des Minderheiten-Schutzvertrages oder kleinen Vertrages von Versailles, wie er auch genannte wurde, von 1919 zwischen den Alliierten und Polen. (S. a. Jörn Leonhard, Der überforderte Frieden, Versailles und die Welt 1918–1923, Bonn 2019, S. 1195.)

dizinerviertel besorgt, ein Herrenzimmer mit dunklem Holz und einem Bett sowie Mitbenutzung des Bades mit Zinkbadewanne und kaltem Wasser. Als sie eines Tages mit dem verhältnismäßig schweren Instrumentenkoffer zur Klinik geht, reißt ihr ein Kollege diesen aus der Hand und trägt ihn ihr bis zum Eingang. Das ist sie aus Breslau nicht gewohnt. An der Uni kommt sie gut mit, da sie in Breslau schon vieles gelernt hat, was jetzt verlangt wird. In München bemüht sie sich um die deutsche Staatsbürgerschaft. Doch das stößt auf Widerstand. Zynisch entgegnet ihr der Beamte, man lebe doch in einem so guten freundschaftlichen Verhältnis mit Polen. Im Examen bringt ihr der polnische Pass einen Nachteil. Die Studenten mit ausländischer Staatsbürgerschaft werden zusammen geprüft, drei Jugoslawen und sie als Polin. Als die Fragen schwieriger werden, sagen die Jugoslawen, sie wüssten die Antwort, könnten sie aber nicht auf Deutsch ausdrücken. Dann muss Lilly ran, die ja offensichtlich kein Sprachproblem hat. Da sie aber ebenfalls an den schwierigeren Fragen scheitert, bringt ihr das dann eine Nachprüfung in Physiologie ein. Ihr Vater nimmt das gelassen hin. Für die politischen Verhältnisse interessiert sie sich nicht sonderlich. Einmal geht sie auf eine Versammlung mit Hitler. Er lässt sie unbeeindruckt.

Ihr Onkel Ludwig Curtius lädt Lilly für die folgenden Ferien nach Rom ein. Eigentlich zieht es sie nicht sonderlich dorthin. Rom, die Antike und die Renaissance sind ihr vollkommen fremd. Ihre Sehnsüchte richten sich nach Indien – aber Rom? Ludwig und seine Frau Edita weilen selbst nicht in Rom. Dafür empfängt die Erzieherin der Kinder Gräfin von Rüxleben Lilly. Christa von Rüxleben stammt aus Westfalen und giert nach Wissen und Bildung. Sie ist einige Jahre älter als Lilly und hat ihr auch sonst einiges voraus. Lilly verehrt sie, während das Personal und die Kinder Olivia und Stella sie gar nicht mögen. Abends lesen

Lilly und Christa zusammen Shakespeare-Dramen mit verteilten Rollen. Das Entdecken von ganz neuen geistigen Welten beglückt die junge Frau aus Oberschlesien. Beseelt von den vielen Anregungen und Eindrücken kehrt sie in ihr Elternhaus nach Bismarckhütte zurück, um wenig später ihr Studium aufzunehmen.

Das erste klinische Semester absolviert sie 1934 in Greifswald, einer kleinen Stadt im heutigen Mecklenburg-Vorpommern nicht weit von Rügen entfernt. Gleich zu Beginn vermisst das anatomische Institut der Universität ihren Körper auf das Penibelste nach den Vorschriften der Rassenlehre. Neben vielen anderen Merkmalen werden ermittelt die Stirnbreite, Kieferbreite, Höhe und Breite der Nase, Form der Nasenlöcher, der Abstand der äußeren Augenwinkel, die Gesichtshöhe und Kopfform. In der Beurteilung kommt der Auswerter des Bogens zu dem Schluss, dass sie überwiegend von fälischer Rasse, ein dunkler süddeutscher Typus sei. Abgesehen von dieser Merkwürdigkeit genießt Lilly diese Zeit, die Nähe zum Meer und das strahlend schöne Wetter. Schon bei der Suche nach einer Studentenbude angelt sie sich einen Assessor, der sie gleich heiraten will. Doch der Liebhaber ihrer Mutter klärt sie über die Vermögensverhältnisse eines Amtsgerichtsrates auf und meint: „Du bist viel zu verwöhnt, um in solchen Verhältnissen zu leben." Er überzeugt sie und sie nimmt Abstand von jeglichen Heiratsplänen mit ihrem Verehrer.

In Greifswald werden die Studenten dazu aufgerufen, den Bauern bei der Ernte zu helfen. Lillys Vater meint, ein solcher Landdienst könne hilfreich bei dem Erlangen der deutschen Staatsbürgerschaft sein, und rät ihr, der Aufforderung zu folgen. Also verpflichtet sie sich für zwei Monate zum Landdienst nach Butow in Pommern. Sie muss dort die sechs Kühe melken und schwere Landarbeit verrichten. Da es an Wasser mangelt, wird daran gespart. Einmal in der Woche baden die Eltern und ihre beiden Kinder in demselben Wasser. Lilly wird angeboten, als Letzte sich auch noch darin zu waschen. Dankend lehnt sie ab und badet stattdessen im nahe gelegenen Moorsee.

Nach der Station Greifswald wechselt sie 1936 nach Heidelberg. Die Universität gilt in den Zwanzigerjahren als ein Zentrum der Geisteswissenschaft mit Ausstrahlung auf den ganzen Kontinent. Es herrscht ein geistiges Klima von Liberalität, Aufklärung und Rationalität, verbunden mit den Namen Max Weber, Alfred Weber und Karl Jaspers. Mit der Machtergreifung der Nazis ändert sich die Situation an der Universitätsstadt radikal. Jüdische und politische Professoren werden ihres Amtes enthoben. Als eine der ersten Bildungsanstalten erklärt sich Heidelberg zur nationalsozialistischen Universität, die das Führerprinzip eingeführt hat. Nach der Zerstörung der Synagogen in der Pogromnacht 1938 werden im Jahr 1940 alle Juden zwangsausgesiedelt. Gauleiter Wagner verkündet mit Stolz, Heidelberg sei die erste judenfreie Stadt.[98]

Ludwig Curtius, der Bruder ihres Vaters, öffnet Lilly Tür und Tor in der zurückgezogen lebenden Heidelberger Bildungselite. Bei der Familie des entlassenen Philosophen Karl Jaspers geht sie ein und aus, insbesondere Gertrud Jaspers nimmt sich ihrer an. Als gern gesehener Gast wird sie auch von der Frauenrechtlerin Marianne Weber immer wieder eingeladen, die die Witwe und Herausgeberin der Werke des Soziologen Max Weber ist. Unter anderem soll Lilly auch dem Publizisten und späteren Bundespräsidenten Theodor Heuss vorgestellt werden. Sie hatte allerdings eine lange und anstrengende Wanderung hinter sich und fällt nach den ersten Begrüßungsworten vor lauter Müdigkeit in einen Tiefschlaf.

---

98 S. Nicolaus Sombart, Rendezvous mit dem Weltgeist, Frankfurt am Main 2000, S. 197 ff.

Lilly arrangiert sich mit den Verhältnissen auf ihre Art. Von dem Naziterror will sie nichts wissen, gleichzeitig genießt sie den Kontakt zu den Professorenkreisen. Der Lebenslust und dem Geldausgeben ist sie sehr zugetan. Mit zahlreichen Bittbriefen an ihren Vater Ferdinand Curtius kann sie ihren leeren Geldbeutel immer wieder auffüllen. In seinen Antworten kommentiert Ferdinand Lillys Ausgabenfreudigkeit mit leichter Ironie, steckt aber meist brav etwas Geld in den Umschlag.

Lillys verehrter Mentor Ludwig Curtius

Ludwig Curtius zählt in der ersten Hälfte des vergangenen Jahrhunderts zu den prägenden und wirkungsstarken Gelehrten des Landes. Sein autobiografisches Werk „Deutsche und Antike Welt" erreicht zahlreiche Auflagen, erhält über hundert Besprechungen und zählt zum festen Bestandteil der Bibliotheken in bürgerlichen Haushalten. Er ist davon beseelt, einem breiten Publikum den Zugang zur römischen und vor allem der griechischen Antike zu öffnen. Dies gelingt ihm auf beeindruckende Weise. Weit über seine Fachkreise hinaus hat er einen großen Namen als Archäologe und als wissbegieriger und diskussionsfreudiger Gelehrter, der mit der geistigen Elite der Republik bestens vertraut ist.

Er ist eine charismatische Persönlichkeit mit vielen Begabungen. Als begnadeter Lehrer zieht er seine Schüler und Studenten in den Bann, als mitreißender Redner entführt er sein Auditorium in andere Welten, als opulenter Erzähler und Schriftsteller bereitet er selbst mit Detailschilderungen seinem Publikum großen Lesegenuss. Als hervorragender Musikkenner und -liebhaber verfügt er über eine – für die damalige Zeit – beachtliche Schallplattensammlung und lädt regelmäßig zu Hauskonzerten in sein römisches Domizil ein. Emotion und Intellekt prägen seinen Zugang zur Kunst. Er lässt sich begeistern und entwickelt in seiner Leidenschaft viel Fantasie. Er empfindet sich selbst als Künstler. Ludwig formuliert einmal, wer über ein Kunstwerk etwas aussagen wolle, der müsse eine Stunde still vor ihm verweilen und alles Angelernte vergessen, bis das Eigentümliche des Werkes in ihm Sprache gewinne. Aber seinen Studenten gegenüber vertritt er auch entschieden die entgegengesetzte, zuerst von Goethe formulierte Überzeugung, die als seine letzten Worte zu seinen Studenten überliefert ist: „Vergessen Sie nicht: Man sieht nur, was man weiß!"[99, 100]

Im Jahr 1874 geboren fängt Ludwig Curtius in Berlin und München an, Philosophie, Nationalökonomie und Rechtswissenschaften zu studieren. Nachdem er jahrelang mit dem Wunsch gerungen hat, bildender Künstler zu werden, geht er in München einen ersten Schritt in diese Richtung und tritt in die Aktschule von Schmidt-Reutte ein. Nach stundenlangem und sehr anstrengendem Aktzeichnen an den Vormittagen besucht er zur Entspannung nachmittags kunstgeschichtliche Vorlesungen. So gerät er in den Bannkreis des berühmten Archäologen Adolf Furtwängler und entdeckt dieses Fach für sich.

Zu seinem Lehrer Furtwängler werden die Verbindungen schon bald enger. Dieser stellt Ludwig Curtius 1899 als Privatlehrer für seinen Sohn Wilhelm ein, der in den Zwanzigerjahren zu einem international gefragten Dirigenten avancieren wird. Damit Wilhelm mehr Zeit für die Entwicklung seiner großen musikalischen Begabung hat, meldet der Vater ihn von der

---

99 Goethes Unterhaltungen mit dem Kanzler Friedrich von Müller, Hrsg.: Burkhardt, Stuttgart 1870, S. 29, Aufzeichnung vom 24.4.1819.

100 S. Karl Schefold, Schöpfung und Erneuerung in Ludwig Curtius' Lebenswerk, in „Sonderdruck aus Mitteilungen des Deutschen Archäologischen Instituts, Römische Abteilung, Band 82", 1975, S. 12.

Schule ab und vertraut ihn dem Privatlehrer an. Adolf Furtwängler stirbt 1907 in Athen an Ruhr im Beisein von Ludwig
Curtius. Dieser sieht diese Nähe fast wie ein Vermächtnis an. Er
versteht sich als eine Art Testamentsvollstrecker und mahnt den
jungen Wilhelm im Sinne seines Vaters, er möge seine musika-
lische Sendung erfüllen. Er solle vor allem seine Zeit nicht mit
dirigieren verschwenden, sondern er müsse komponieren.[101]

Ludwig Curtius bleibt mit seinen Mahnungen immer das
schlechte Gewissen von Wilhelm Furtwängler. So schreibt Furtwängler 1946 an seinen früheren Privatlehrer: „Meine Dirigen-
ten-‚Karriere‘, von der Du sprachst, ist ernsthafter Erwähnung
nicht wert; wohl aber wäre des Erwähnens wert, dass ich manchmal menschliche, warmherzige, natürliche und echte Auffüh-
rungen mache, die man sonst nur noch in seltenen Ausnahmen
hört. In Wirklichkeit war das Dirigieren das Dach, unter das ich
mich im Leben geflüchtet habe, weil ich im Begriff war, als Komponist zugrunde zu gehen."[102] Furtwängler geht als einer der
ganz großen Dirigenten in die Geschichte ein, sein kompositori-
sches Werk setzt sich jedoch nie durch und bleibt nur wenigen
Spezialisten vorbehalten.

Die Teilnahme an etlichen Ausgrabungen bringen den jungen Ludwig Curtius vor allem nach Griechenland und Klein-
asien. Er übt Lehrtätigkeiten an verschiedenen Universitäten aus
und nimmt schließlich einen Lehrstuhl in Heidelberg an, wo er
in regem Austausch mit Männern wie seinem Namensvetter,
dem Romanisten Ernst Robert Curtius, mit Karl Jaspers, Max
Weber und Alfred Weber steht, nachdem er zuvor schon intensive Beziehungen zu Hofmannsthal, Rilke und Ricarda Huch

---

101 S. Eberhard Straub, Die Furtwänglers, München 2008, S. 116.
102 Brief von Wilhelm an Ludwig Curtius 1946, hier zitiert nach: https://www.zeit.
de/1964/48/unter-ein-dach-gefluechtet/seite-2, aufgerufen am 22.2.2020.

gepflegt hat. Durch den Umgang mit den genannten und vielen weiteren Geistesgrößen ist Ludwig Curtius in den Gelehrtenkreisen bestens vernetzt, unter anderem zählt auch der spätere Bundespräsident Theodor Heuss zu seinem weiten Freundes- und Bekanntenkreis.

1928 wird er zum Direktor der Abteilung Rom des Deutschen Archäologischen Instituts ernannt. Das Institut und Rom entwickeln sich zu seiner zweiten Heimat. 1937 versetzen ihn die Nazis in den vorzeitigen Ruhestand. Den von Hitler unterzeichneten Entlassungsbrief wertet er im letzten Absatz seiner Lebenserinnerungen als Ritterschlag. Nach dem Krieg lebt er weiter in Rom und pflegt ein gesellschaftliches Leben mit Empfängen und Hauskonzerten. 1954 stirbt er an einem Herzschlag mitten in der Vorbereitung der Rede zur Wiedereröffnung des Deutschen Archäologischen Instituts in Rom. Er findet seine letzte Ruhe auf dem Campo Santo Teutonico neben dem Petersdom.

Die Liebe ihres Lebens – ein nationalsozialistischer Klinikdirektor

Umtriebig und kontaktfreudig fühlt Lilly sich in Heidelberg sehr wohl. Sie lernt viele interessante Menschen kennen und das Studium lässt ihr genug Zeit, das Leben zu genießen. Im Universitätsmilieu trifft sie auch den Leiter der Frauenklinik Hans Runge, den sie schon von Greifswald her kennt. Lilly verliebt sich heftig in ihn, er bedeutet für sie die Liebe ihres Lebens. Als einfache Studentin ist sie eingenommen von der dominanten Persönlichkeit und der Aura des zwanzig Jahre älteren Klinikdirektors. Obwohl sie in den liberalen Gelehrtenkreisen Heidelbergs verkehrt, tut es ihrer Liebe keinen Abbruch, dass Runge seit 1934 überzeugtes Mitglied der NSDAP ist.

Runge erfährt durch die temperamentvolle Studentin eine Verjüngungskur. Aber er ist verheiratet und hat drei Kinder. Er verspricht seiner Geliebten immer wieder, sie zu heiraten, seine Frau willigt jedoch nicht in die Scheidung ein. Jahrzehnte später kommentiert Lilly die Hartnäckigkeit seiner Frau: „Und sie hatte recht." Ihre Mutter Margarethe versucht Lilly diese Verbindung auszureden. Sie hält ihr ihre eigenen Erfahrungen mit einem wesentlich älteren Mann und der gescheiterten Ehe vor. Der Altersunterschied sei viel zu groß, als dass das gut gehen könne. Doch Lilly schlägt diese Bedenken in den Wind. Sie kämpft weiter um Runge und bekommt ein Kind von ihm.

Zur Geburt ihres Sohnes Johannes schickt Runge sie im Sommer 1940 nach Radmeritz bei Görlitz. In diesem nur einige wenige Hundert Seelen zählendem Dorf bringt sie Johannes im Stiftschloss Joachimstein zur Welt, einem prächtigen Barockbau aus dem 18. Jahrhundert. Im Siebenjährigen Krieg hat dort Preußenkönig Friedrich der Große im Jahr 1745 sein Quartier aufgeschlagen. Bis zum Spätherbst des Jahres 1940 bleibt Lilly mit ihrer Mutter und Johannes in einer Pension in Schreiberhau und siedelt dann nach Frankfurt um, wo ihr Runge in der Holbeinstraße 76 eine Wohnung besorgt hat. Da aus der Heirat mit dem Frauenarzt nichts wird, bleibt sie alleinerziehend. Im Januar 1941 tritt sie eine Stelle an der Frankfurter Universitätsklinik an und schient kriegsbedingt vor allem Kieferbrüche. Ihr Sohn Johannes geht mit ihrer Mutter Margarethe nach Hindelang im Allgäu, da die Kinder die großen Städte wegen der Kriegsgefahr verlassen sollen. Mutter und Sohn entfremden sich, bei ihren Besuchen in Hindelang findet sie nur mühsam Zugang zu ihm.

Hans Runge zählt als Schüler des international renommierten Gynäkologen Robert Schröder schon in den Zwanzigerjahren zu den führenden Frauenärzten Deutschlands. Mit seinen

Studien und Publikationen bezüglich der Hormonforschung liefert er wichtige Bausteine für die Entwicklung von Therapieansätzen mit Hormonpräparaten. Mit regem Interesse verfolgt er die aktuelle Forschung und trägt selbst zu ihr bei.[103] Über seine wissenschaftliche Tätigkeit hinaus genießt Runge auch einen guten Ruf wegen seiner didaktischen Fähigkeiten und der Einführung neuer Lehrmethoden.

Er ist aber auch ein getreuer Gefolgsmann der Nazis, getrieben von einer Mischung aus Ehrgeiz und Überzeugung. Schon kurz nach den Reichstagswahlen im November 1933 tritt er zusammen mit allen Assistenten in die NSDAP ein, und zwar ohne jeglichen Druck, wie er nach dem Krieg selbst eingesteht.[104] Seine Parteizugehörigkeit unterstützt seine Berufung nach Heidelberg als Direktor der Frauenklinik im Jahr 1934. Der damalige Dekan Schneider formuliert: „Runge ist ein aktiv tätiger Nationalsozialist, der sich voll einsetzt".[105] Schneider belobigt Runge hinsichtlich der Umsetzung des Gesetzes zur Verhütung erbkranken Nachwuchses vom 14. Juli 1933 und gibt ihm Vorschusslorbeeren, „dass er der großen praktischen Aufgabe, die gerade der Nationalsozialismus dem Lehrer der Frauenheilkunde und Geburtshilfe setzt, in ausgezeichneter Weise gewachsen ist".[106] Die Umsetzung des Rassengesetzes legen die Nazis in die Hände der Gynäkologen. Runge ist für seine Befürwortung der

---

103 S. auch im Folgenden: Julia Dorothee Baumeister, Hormone und Geburtenförderung, Leben und Werk des Heidelberger Gynäkologen Hans Runge (1892-1964), Dissertation 2006, Med. Fakultät Universität Heidelberg, Zusammenfassung: http://www.ub.uni-heidelberg.de/archiv/6232, aufgerufen am 14.3.2019.
104 Eckert, Wolfgang U., Sellin, Volker, Wolgast, Eike (Hrsg.), Die Universität Heidelberg im Nationalsozialismus, Heidelberg 2006, S. 854.
105 S. Julia Dorothee Baumeister, Hormone und Geburtenförderung, Leben und Werk des Heidelberger Gynäkologen Hans Runge (1892-1964), Dissertation 2006, Med. Fakultät Universität Heidelberg, S. 51.
106 Ebd., S.51.

positiven (Geburtenförderung) wie der negativen (Sterilisation) Eugenik mit dem Ziel der Rassenhygiene bekannt. Er erfüllt diese Aufgabe im Sinne des Auftraggebers hervorragend. In der Gynäkologie Heidelberg gibt es allein im Jahr 1935 mehr als 500 Sterilisationen und zehn eugenische Abtreibungen, in der Summe dürften es Tausende von Frauen sein, die in der Heidelberger Klinik zwangssterilisiert werden. In seinem Fach bildet Runge eine tragende Säule des Nazisystems.

Den Ausbau und die Vergrößerung der Frauenklinik in Heidelberg verfolgt der Direktor mit erheblichem Ehrgeiz. Dabei bemüht er auch seine guten persönlichen Kontakte zu Größen des NS-Regimes. Doch auch seine intensiven Bemühungen führen nicht zum Erfolg. Er muss seine weitreichenden Pläne wieder verwerfen, da er die notwendigen Gelder nicht beschaffen kann. Erst zu Beginn der Fünfzigerjahre kann er endlich nach jahrelangen Verhandlungen den neuen Bettentrakt eröffnen.[107]

Im Zuge der Entnazifizierung wird Runge für kurze Zeit aus seiner Leitungsposition entlassen. Er setzt sich dagegen zur Wehr und inszeniert sich schon fast als ein Mann des Widerstands, wenn er an den Dekan schreibt, er sei in seinem Beruf niemals durch die Naziideologie beeinflusst worden und habe jüdische Patienten behandelt und von der Gestapo Verfolgte geschützt. Der Dekan bescheinigt ihm daraufhin, „innerlich kein Nazi" gewesen zu sein und außerdem sei ein Ersatz Runges unmöglich.[108] Die Spruchkammer Heidelberg stuft ihn 1947 als Mitläufer ein. Im letzten Abschnitt der Stellungnahme des Counter Intelligence Corps Heidelberg heißt es: „Demzufolge würde es nicht gerechtfertigt scheinen, die größte Schande ei-

---

107 Ebd.
108 Eckert, Wolfgang U., Sellin, Volker, Wolgast, Eike (Hrsg.), Die Universität Heidelberg im Nationalsozialismus, Heidelberg 2006, S. 871.

nem Mann aufzuerlegen, der oft sein eigenes Leben riskierte, um Verfolgten zu helfen."[109] Die Akten der Spruchkammer lassen allerdings sowohl die persönlichen Aussagen der von Runge angeführten Zeugen vermissen als auch Anklagen von den vielen Tausend Opfern der unter seiner Aufsicht durchgeführten Zwangssterilisationen.

Nach der Einstufung als Mitläufer wird Runge wieder als Klinikdirektor eingesetzt.[110] Es gelingt ihm nun, den lange gehegten Plan für den Ausbau der Frauenklinik umzusetzen. Seine Laufbahn als Gynäkologe findet 1956 ihren Höhepunkt, als er zum Präsidenten der Deutschen Gesellschaft für Gynäkologie und Geburtshilfe gewählt wird. Die Studenten schätzen ihn sehr und würdigen ihn zu seinem siebzigsten Geburtstag mit einem Fackelzug. Eben aus diesem Anlass erhält er das Bundesverdienstkreuz der Bundesrepublik Deutschland.

Sein Leben findet im Jahr 1964 ein tragisches Ende, als er in München an einem Gynäkologenkongress teilnimmt. Da sein Sohn Johannes in München wohnt, sind Runge und er zum ersten Mal in ihrem Leben verabredet, um sich kennenzulernen und auszusprechen. Auf dem Weg zu diesem Treffen verunglückt Runge tödlich bei einem Verkehrsunfall. Zu seiner Beerdigung erscheint in Heidelberg eine unüberschaubare Menge von Trauergästen, um ihm das letzte Geleit zu geben. Seine Vaterschaft von Johannes, seine Überzeugung und seine Taten während des Nationalsozialismus werden in der Familie Münster über Jahrzehnte lang mit dem Mantel des Schweigens bedeckt. Er ist einfach der Onkel Runge.

---

109 Julia Dorothee Baumeister, Hormone und Geburtenförderung, Leben und Werk des Heidelberger Gynäkologen Hans Runge (1892-1964), Dissertation 2006, Med. Fakultät Universität Heidelberg, S. 78 (Original in Englisch, Übersetzung durch den Autor).
110 Die Universität Heidelberg, S. 894.

Teil III: Arnold und Lilly
Hochzeit in rauchenden Trümmern

Als Arnold nach Frankfurt kommt und seine Arbeit bei dem Tuberkulose-Institut aufnimmt, taucht er auch in das so lange entbehrte Kulturleben ein und begegnet Lilly häufig in Konzerten. Man trifft sich in den Pausen und unterhält sich über die dargebotenen Symphonien. Sie ist ihm eine anregende Gesprächspartnerin. Ihn fasziniert die gut aussehende alleinstehende Frau, die sich ein wenig dünkelhaft mit den großen Namen der Gelehrtenstadt Heidelberg schmückt und einiges über ihren berühmten Onkel Ludwig Curtius zu erzählen weiß.

Der Mann aus dem Widerstand verliebt sich in eine Frau, die während der Nazizeit immer weggesehen hat, ja sogar von einem führenden nationalsozialistischen Frauenarzt ein Kind hat. Hinzu kommt noch, dass über Arnold jahrelang das Damoklesschwert der Sterilisation geschwebt hat und Lillys große Liebe an vorderster Front und sehr eifrig mit Tausenden von Zwangssterilisationen das Gesetz zur Verhinderung erbkranken Nachwuchses umgesetzt hat. Doch das beeinträchtigt Arnold nicht in seiner Leidenschaft. Er will die Vergangenheit hinter sich lassen. Schließlich ist Lilly keine Parteigängerin der Nazis und mit ihr wird er die Freuden des Lebens auskosten können, auf die er so lange verzichten musste.

Angesichts der Einziehung nach Baumholder zur militärischen Ausbildung und des sich abzeichnenden Einsatzes im Krieg hat Arnold keine Zeit zu verlieren. Deshalb handelt er sehr schnell. Für den Vorabend seiner Abreise nach Baumholder bittet er Lilly um ein Gespräch zu zweit. Sie sagt vollkommen ahnungslos zu und wird ziemlich überrumpelt. Kaum sitzt er, schießt er los: „Wollen Sie meine Frau werden?" Sie ist zutiefst erschrocken und denkt bloß, wie sie aus dieser vertrackten Situation herauskommen könne, und entgegnet ihm: „Sie sind doch so katholisch." Denn sie will ihn nicht heiraten, sondern hängt noch an Runge und glaubt an dessen Scheidung. Am Ende des Gesprächs ist sie verlobt, was mit einem keuschen Verlobungskuss besiegelt wird.[111] Nach dieser stürmischen Verlobung trennt Lilly sich endgültig von ihrem Geliebten Hans Runge.

Während Arnold in Baumholder für den Kriegseinsatz ausgebildet wird, bestimmen Lillys Leben jetzt das Kriegsgeschehen, ihr Beruf und die vielen Besuche an den Wochenenden bei ihrem Verlobten. Sie schildert die Kriegssituation: „Frankfurt hat sich inzwischen zu sehr zu seinem Nachteil verändert. Und da es den Saalbau auch erwischt hat, soll das nächste Orchesterkonzert im Schumanntheater stattfinden, das sehr abscheulich ist. ... Es ist nicht angenehm, in einer Stadt zu sitzen, die gerade an der Reihe ist. Auch ist die Wohnung kalt, weil wir keine Kohle mehr haben. Entschuldige diese Jeremiaden."[112] Mit Arnold unterhält sie einen dichten Briefkontakt. Sie will jetzt möglichst bald heiraten und wünscht sich sehnlichst ein Kind mit ihm. Lilly nimmt den Umzug von Arnolds Unterkunft in der Pension Minerva in die Holbeinstraße 76 und die Vorbereitungen für die Hochzeit in die Hand.

Aufgrund guter Führung bekommt Arnold in Baumholder Sonderurlaub für seine in Frankfurt anberaumte Hochzeit mit Lilly. Die Stadt ist schon zu erheblichen Teilen zerstört. Seine Klavierpartnerin Emma Lübbecke-Job schildert das in einem Brief zur Verlobung im Februar 1944: „Mit Ihrem Heiratsurlaub nach Frankfurt müssen Sie sich eilen, damit von der Stadt noch

---

111 Nachlass Münster, Lilly Münster, handschriftliche Erinnerungen.
112 Nachlass Münster, Brief von Lilly an Arnold vom 8.2.1944.

etwas übrig bleibt. Es war ein grauenvoller Angriff, die Folgen entsetzlich. Gerade die Innenstadt traf es sehr hart. Das ganze mittlere Drittel der Schönen Aussicht ist zerstört, direkt vor unserem Hause eine schwere Luftmine, die die Straße bis zum Tiefkai aufriss. Ich kann es Ihnen gar nicht alles schreiben, tage-, nächtelang brannte das schöne Fischerfeldviertel. Unsere Wohnung ist fast unbewohnbar, alle Fenster heraus, fast alle Decken herunter, Wände geborsten, kein Wasser, kein Licht, kein Gas seit dem Angriff. Nichts wie Schutt, Scherben und Trümmer. Rings umher viele Tote und ungezählte Verwundete in den benachbarten Häusern. Ich selbst war während des Alarms in der Orchesterprobe zum G-Dur-Beethovenkonzert mit Elly Ney und während des Angriffs im Keller unten. Dort stürzte die Decke ein, wir erstickten nahezu in Mörtel und Staub, da eine Luftmine gleich zu Beginn des Angriffs den Saalbau traf, ihn zerstörte samt den großen Instrumenten des Orchesters. ... Ebenso wie unsere schöne Wohnung hin ist, so gehts auch dem Frankfurter Musikleben. Saalbau zerstört, Oper getroffen, Schauspielhaus verbrannt, die Hochschule zum zweiten Mal total zerstört, Südschiff des Domes hin, Stadtarchiv runtergebrannt."[113]

Mit den beiden Verlobten meint es das Schicksal auch nicht gut. In der Nacht vor der Hochzeit, am 22. März 1944, legen die Bomber der Alliierten die noch bestehenden Teile der Innen- und Altstadt in Schutt und Asche. Von einer der schönsten Altstädte Deutschlands überleben nur wenige Häuser diese Angriffswelle. Als am Morgen die Menschen mit dem Aufräumen der Trümmer beschäftigt sind, läuft Lilly im Hochzeitskleid über den Römerberg an ihnen vorbei. Empört rufen sie der schi-

---

113 Nachlass Münster, Brief von Emma an Arnold vom 4.2.1944.

cken jungen Braut zu: „Mensch, nimm Deinen Hut ab und pack’ Dir eine Schaufel.“ Aber Lilly hat in diesem Moment anderes im Kopf, sie will heiraten. Doch unter diesen Umständen ist das nicht ganz einfach. Die standesamtliche Trauung im Römer ist wegen dessen Zerstörung nicht mehr möglich. Es muss schnell improvisiert werden und die Verlobten weichen in den Norden der Stadt nach Eschersheim in die Kirche St. Josef aus. Als die Pfarrer der Gemeinde hören, das Paar sei noch nicht standesamtlich getraut, verziehen sie sich schnell. Eine kirchliche Hochzeit ohne standesamtliche Papiere steht unter Strafe. Aber Arnolds Bruder Ludwig, der selbst Priester ist, erteilt dann den beiden das Sakrament der Ehe. In der Kirche ziehen Lilly und Arnold sich gegenseitig die aus Zahngold gefertigten Eheringe über die geschwärzten Finger. Trauzeugen sind zwei Putzfrauen der Kirche.

Kriegseinsatz in Griechenland – Dauermärsche und Hunger auf dem Rückzug

Nach der Hochzeit kehrt Arnold zurück nach Baumholder. Wenige Monate später, im Juli 1944, wird seine Einheit in Waggons verladen, über Österreich und Serbien nach Griechenland in die Nähe von Larissa am Ägäischen Meer, dann auf die Insel Limnos verlegt.

Arnold hat mit seinem Einsatzgebiet großes Glück. Es gibt kaum Feindberührungen, allerdings ist der Alltag auch nicht gerade beschaulich. Die vielen Nachtwachen, für die es meist keinen Schlafausgleich am Tage gibt, machen ihm zu schaffen. Das Klima mit seinen heißen Tagen und den kalten Nächten strengt ihn ebenfalls an. Gleichwohl ist ihm bewusst, dass sein Leben in Griechenland „am Maßstab des Krieges gemessen, ein

Idyll"[114] ist. In seinen Tagebuchaufzeichnungen vom Griechen-landfeldzug beschreibt Arnold die unterschiedlichen Land-schaften, die alten Kirchen und freundliche Begegnungen mit der Bevölkerung. Unter anderem schwärmt er sehr von der rei-chen Kultur und den Baudenkmälern Salonikis.[115]

Doch trotz dieser eher günstigen Umstände ringt Arnold auch in Griechenland mit seinen pessimistischen Aussichten. Es drückt ihn nieder, dass er wegen des Krieges nicht mit seiner Frau zusammen sein kann, mit der er ohnehin bisher kaum ge-meinsame Zeit verbracht hat. Auch der Briefverkehr kann das nicht ausgleichen, zumal dieser durch eine Verordnung im Sep-tember auf zwei Briefe im Monat in die Heimat à zehn Gramm beschränkt ist. Aber in der etwas ruhigeren Situation in Grie-chenland kommen ihm auch die vielen Leiden der vergangenen Jahre wieder ins Bewusstsein und stimmen ihn niedergeschla-gen. Angesichts der vollkommen ungewissen Zukunft kann er dieser Gemütslage auch keinen Optimismus oder begründete Hoffnung entgegensetzen: „Wenn ich auf mein Leben zurück-blicke, erfasst mich oft eine tiefe Müdigkeit. Du weißt, wie ich mich in den vergangenen Jahren bemüht habe. Und wo stehe ich jetzt? Im Augenblick ist mir für unbestimmte Zeit alles genom-men. Meine Position ist nicht sehr verschieden von der, die ich vor sechs Jahren innehatte. Und für die fernere Zukunft ist alles infrage gestellt. Wohl weiß ich, dass es sich dabei nicht um die letzten und höchsten Güter handelt. Und die Zukunft trägt ja auch die Möglichkeit einer Wendung zum Guten in ihrem Schoß. Aber es gibt einen Punkt, an dem die Erkenntnisse der Philosophie und Theologie nicht weiterhelfen. Man muss ihn

---

114 Nachlass Münster, Brief von Arnold an Lilly vom 15.9.1944.
115 Nachlass Münster, Brief von Arnold an Lilly vom 13.10.1944 .

immer wieder überschreiten; und oft stocken die Schritte und der Blick sucht eine helfende Hand. Das Gefühl der letzten Einsamkeit und Verlassenheit ist wohl das Schwerste, was dem Menschen aufgegeben werden kann."[116]

Er kämpft gegen die Niedergeschlagenheit mühsam an und versucht sich durch philosophische Überlegungen zu stärken: „Im Übrigen meine ich, sollte der geistige Mensch sich innerlich nicht von den Katastrophen der Zeit überwältigen lassen, sondern versuchen, soweit es ihm möglich ist, an dem weiterzubauen, was bleibt, mag er selbst nun diese Tage überleben oder nicht. Goethe hat ein großes Beispiel dafür gegeben."[117]

Von der Insel Limnos aus tritt dann die Armee den Rückzug über Mazedonien und Serbien an. In einem Bericht der Westfälischen Tageszeitung heißt es zu den Strapazen für die Soldaten: „Bis zu vierzehnhundert Meter in den zwanzig Pässen stieg die für einen Teil der Truppen 1.500 Kilometer lange Marschstraße an. In Staub und Gluthitze des griechischen Herbstes waren sie aufgebrochen. Herbststürme und endloser Regen fegten über die morastigen Straßen Mazedoniens, und als die Spitze der deutschen Heeressäule sich ihrem Ziel näherte, herrschte auf den wilden schwarzen Bergen schon der Winter mit Schnee und klirrendem Frost."[118] Während des Rückzuges gibt es nur leichtere Gefechte mit Partisanen, aber die Soldaten sind extrem beansprucht durch Dauermärsche bis zu 30 Stunden, Hunger und Kälte. Auf den einbrechenden Winter sind die Soldaten mit ihrer Ausrüstung nicht vorbereitet. Arnold hat schwere Hungerödeme. Eine Verletzung an der rechten Hand entwickelt sich zu einer

---

116 Nachlass Münster, Brief von Arnold an Lilly vom 18.8.1944.
117 Ebd.
118 Die Rückführung der Balkanarmee, in „Westfälische Tageszeitung" vom 23.1.1945.

eitrigen Entzündung des ganzen Armes. Er wird in das Lazarett in Sarajewo überstellt, wo er sofort operiert wird. Als er transportfähig ist, wird er in das Lazarett Mattighofen (Oberösterreich) gebracht. Von dort entlassen fährt er mit einem Transport im Juni 1945 nach Frankfurt und findet in der vollkommen zerstörten Stadt bei Lilly ein Zuhause. Die schlimmsten Täler des Leidens sind durchschritten, aber das Purgatorio hat noch kein Ende. Nachwirkungen des Nationalsozialismus werden ihm noch einige Zeit immer wieder zusetzen.

Ein harter Rückschlag: Die Amerikaner beschlagnahmen die Wohnung

Der Krieg hinterlässt Frankfurt als ein Trümmerfeld. Die Innenstadt ist nahezu komplett zerstört und die meisten Wohnviertel sind in Mitleidenschaft gezogen. Die Wohnungsnot ist groß, die Lebensmittelversorgung schwierig und der Schwarzmarkt blüht. Von den Bombenangriffen verschont bleibt der ehemalige Sitz der IG Farben im nördlichen Westend, der heute die Goethe Universität beherbergt.[119] Dort richten zunächst die alliierten Truppen unter General Eisenhower ihre Zentrale ein und in der Folge nutzen die Amerikaner das Gebäude als Hauptquartier für Europa. Auch die benachbarten Viertel, das nördliche Westend und das Holzhausenviertel werden nur wenig in Mitleidenschaft gezogen.

---

119 Die IG Farben war aus dem Zusammenschluss von acht Chemieunternehmen entstanden. Der größte Chemiekonzern der Welt kollaborierte eng mit Hitler. Unter anderem errichtete er in dem KZ Auschwitz eine eigene Produktionsanlage, in der Zigtausende Zwangsarbeiter zu Tode gekommen sind, und stellte für die Vernichtung der Juden das Todesgas Zyklon B her. In dem von Hans Poelzig entworfenen Verwaltungsgebäude der IG Farben richteten die am amerikanischen Streitkräfte später ihr Hauptquartier für Europa ein.

Arnold und Lilly sind glücklich, nach den Wirrnissen und den Zerstörungen des Krieges endlich zusammen zu sein und ein Dach über dem Kopf zu haben. Lilly erhält mithilfe ihres früheren Geliebten Hans Runge eine bescheidene Wohnung in der Holbeinstraße 76 im dritten Stock. Doch das Glück des Neuanfangs des jungen Paares nach dem Kriege soll nur wenige Monate währen. Im Januar 1946 beschlagnahmen die amerikanischen Militärbehörden die Wohnung einschließlich der Möbel. Von heute auf morgen stehen Arnold und Lilly auf der Straße. Nach allem, was Arnold bis dahin durchgemacht hat, ist das ein schwerer Rückschlag: als Mann des Widerstands von den Befreiern aus der Wohnung vertrieben zu werden und die gesamte Einrichtung zu verlieren.

Zu den beschlagnahmten Möbeln gehört auch das gerade neu erworbene Klavier der Marke Ibach, eines traditionsreichen, im Jahr 1794 gegründeten Herstellers. Ein zusätzlicher schmerzlicher Verlust für Arnold, der so sehr am Klavierspiel hängt. Über ein Jahr lang soll es dauern, bis er das Instrument wieder in seinen Besitz bringen kann. Zufällig entdecken er und Lilly eben dieses Klavier in einer Kneipe an der Forsthausstraße. Es gibt keinen Zweifel, es handelt sich um Arnolds Instrument, und Zeugen bestätigen dies. Doch die Kneipenpächter bestehen zunächst darauf, das Klavier rechtmäßig von den Amerikanern erworben zu haben. Erst mithilfe eines Anwaltes kann Arnold im Jahr 1947 sein Recht durchsetzen und das Klavier wieder in seinen Besitz bringen.

Für Lilly bedeutet der Verlust der Wohnung, dass sie nun ihren Beruf als Kieferorthopädin nicht mehr ausüben kann, da sie keine Räume für die Praxis hat. Denn, um überhaupt ein Dach über dem Kopf zu haben, müssen Arnold, Lilly und der Sohn Johannes für die nächsten drei Monate in einen fensterlosen Raum im Carolinum, der Zahnklinik, umziehen. Da jedoch ein großer Mangel an Kieferorthopäden besteht, regt die Zahnärztekammer an, dass die beiden die Wohnung einer anderen Kieferorthopädin übernehmen sollen, über die die Kammer wegen ihrer politischen Vergangenheit ein Berufsverbot verhängt hat. Diese war überzeugte Parteigängerin der Nazis und ihr Vater Carl Renninger war der Nazi-Oberbürgermeister von Mannheim gewesen.

Das Wohnungsamt leitet daraufhin ein Beschlagnahmeverfahren gegen die Ärztin ein. Doch diese brüstet sich im Gespräch mit Arnold, den Leiter des Wohnungsamtes gut zu kennen und auch ansonsten von verschiedenen Persönlichkeiten unterstützt zu werden. Durch ihre guten Beziehungen erhält sie ausgerechnet von der Militärregierung eine Lizenz für die Ausübung ihres Berufes in ihrer Wohnung während der nächsten drei Monate, da sie die einzige Fachzahnärztin für Kieferorthopädie in Frankfurt sei. Dies trifft jedoch nur zu, weil Lilly ohne entsprechende Räumlichkeiten ihren Beruf nicht ausüben kann. In einem Schriftsatz erklärt Arnold entrüstet: „Das Ergebnis ist somit, dass ich als alter Antifaschist, der für seine Überzeugung gekämpft und auf das Schwerste gelitten hat, heute wieder unter den unwürdigsten Bedingungen leben muss. ...Meine Frau hat keine Möglichkeit, ihre Praxis auszuüben, auf die ich während meines Studiums angewiesen bin. Dagegen erhält eine notorische Aktivistin dank ihrer Beziehungen eine schöne Wohnung und Möglichkeit zur Ausübung ihres Berufes...“[120] Eine solche Tonlage, die auch einen gewissen Stolz auf seine Aktivitäten gegen die Nazis ausdrückt, findet sich in keinem späteren Dokument mehr. Verschwiegenheit kehrt ein.

---

120 Nachlass Münster, Durchschlag des nicht datierten Schreibens.

Erst nach mehreren Monaten, im Juli 1946, gelingt es Lilly und Arnold durch die Vermittlung eines Patienten, zwei Räume einer Vier-Zimmer-Wohnung in der Launitzstraße 20, zweiter Stock zu erhalten. Das Wohnungsamt ordnet dann die Einweisung an. Die beiden anderen Zimmer bewohnen zwei Juden, die in die USA auswandern wollen. Später übernimmt die junge Familie, also Lilly, Arnold, Johannes und Lillys Mutter Margarethe Curtius, auch die beiden anderen Zimmer, in denen Lilly dann ihre Praxis einrichten kann. Für den Praxisbetrieb müssen die Möbel immer umgestellt werden, da die Räume eigentlich viel zu klein sind. Unter anderem behandelt sie dort auch den Philosophen Theodor W. Adorno.

Eine Besserung zeichnet sich ab, als 1948 diese Wohnung gegen die Fünf-Zimmer-Wohnung Holbeinstraße 19, erster Stock getauscht werden kann.

Mit der Einweisung in die Wohnung erhalten Arnold und Lilly leihweise einige sogenannte Aktivistenmöbel, also Möbel aus dem Bestand der Nazifunktionäre. Als sie diese Einrichtungsgegenstände Ende 1948 zurückgeben müssen, stellt Arnold umgehend einen Antrag auf Mobiliar im Rahmen der Aktion für politisch Verfolgte. Sankt Bürokratius schlägt hier gnadenlos zu: Aufgrund der gesetzlichen Bestimmungen könne er keine Möbel erhalten, da er in Münster verhaftet worden sei.[121] Aber Lilly organisiert die Wohnungseinrichtung und kann Arnold berichten: „Heute habe ich die Empiremöbel vom Sachsenhäuser Berg geholt. Sie füllen Dein Zimmer, wenn sie auch nicht ganz dazu passen. Aber was passt zu dem Monstrum Deiner Couch! Den Tisch dazu musste ich erst dem Herrn Pfarrer aus

---

121 Nachlass Münster, Schreiben von Arnold an Regierungsdirektor Epstein, Hess. Innenministerium, vom 17.3.1949.

dem Rachen zerren. Er hatte in seinem Zimmer zwei Tische, die nicht ihm gehörten, und als ich ,Empiretische' sagte, steuerte er hurtig auf den Spätbiedermeiertisch los. O, unschuldsvolles, ahnungsloses Pfäfflein!"[122]

Die Täter inszenieren sich als Opfer

Die Nachkriegszeit ist für Arnold nicht nur durch die materiellen Nöte geprägt. Die Auseinandersetzung mit den Folgen der Nazidiktatur wird ihn auch in den nächsten Jahren noch beschäftigen. Im Zuge der Entnazifizierung sollen die politischen Verbrechen geahndet und die Funktionäre aus leitenden Positionen entfernt werden. Täter und Mitläufer versuchen, ihre Haltung gegenüber den Nazis als neutral bis oppositionell darzustellen. Sie haben wenig Skrupel, ihre ehemaligen Opfer zu bitten, gegenüber den Entnazifizierungsbehörden ihre moralische Integrität, ihr menschliches Verhalten, ja ihre Unschuld zu bestätigen.[123]

Auch Arnold erreichen etliche Nachfragen. Er reagiert differenziert auf diese Begehren. So wendet sich ein Mann namens Herbold aus dem Internierungslager mit einem Bittschreiben an seinen Vater Rudolf. Er schildert, sich nachdrücklich für die Entlassung Arnolds eingesetzt zu haben: „Falls Sie bei den damaligen Verhandlungen festgestellt haben, dass ich mich für die vorzeitige Entlassung Ihres Sohnes eingesetzt oder mich wenigstens nicht dagegen ausgesprochen habe, würde ich Sie bitten, mir eine entsprechende Erklärung zuzusenden ..."[124] Die verräte-

---

122 Nachlass Münster, Brief von Lilly an Arnold, 6.11., wahrscheinlich 1948.
123 S. auch: Harald Jähner, Wolfszeit, S. 384 ff.
124 Nachlass Münster, Brief von Herbold an Rudolf Münster vom 28.9.1946.

rische Formulierung lässt ahnen, dass sich das Engagement Herbolds für Arnold in überschaubaren Grenzen gehalten hat. Rudolf Münster berichtet allerdings seinem Sohn: „Schwieriger liegt der Fall Herbold angesichts der hier beigefügten Äußerungen Pehls, auf den Du immer große Stücke gehalten hast. Ich kann mir schwer vorstellen, dass Pehls Äußerungen eine sichere Unterlage haben. Vielleicht weißt Du mehr."[125] In dem Brief Pehls heißt es über Herbold: „... Vor allem hat er laufend als Leiter die politischen Hinrichtungen geführt, wozu ihn keiner zwingen konnte ... So fanden die Offiziere einen Urlaubsantrag von H., worin er sich rühmte, an 350 Hinrichtungen freiwillig teilgenommen zu haben, und dafür einen längeren Urlaub beanspruchte."[126] Auf dem Bittschreiben Herbolds findet sich der schlichte Vermerk von Arnold: „abgelehnt 9.XI.46".

Eberhard Schäfer hat eine ähnliche Anfrage: „Erinnern Sie sich noch des Pionieroberleutnants, der mit Ihnen im Lazarett Mattighofen im März 1945 weilte und dem Sie oftmals die letzten Wehrmachtberichte übermittelten? ... Alte Angehörige meiner Kompanie werden bestätigen, und haben dies auch bereits getan, dass ich nicht nur nicht die Ideen des nationalsozialistischen Staates verfolgt, sondern bis über die Grenze des Erlaubten hinaus Kritik geübt und mich ganz entschieden von den Zielen der NS-Politik abgesetzt habe. ... Erinnern Sie sich noch an unsere Lästereien über ‚Gröfaz' und ähnliche Größen der vergangenen Zeit?"[127] An die entschieden antifaschistische Haltung Schäfers vermag Arnold sich nicht so richtig zu erinnern. Er schreibt ihm zurück: „Leider sehe ich keine Möglichkeit, in Ihrer Angelegen-

---

125 Nachlass Münster, Brief von Rudolf an Arnold vom 8.5.1946.
126 Nachlass Münster, Schreiben von Adam Pehl an Rudolf Münster vom 10.2.1946. Pehl war nach dem Krieg erster Hauptwachtmeister beim Militärgefängnis Köln.
127 Nachlass Münster, Schreiben von Eberhard Schäfer vom 24.1.1948.

heit etwas zu tun. Ich könnte höchstens über die verhältnismäßig belanglosen Gespräche in den Monaten März–April 1945
etwas aussagen, und nach meinen Erfahrungen würde das nicht
von Nutzen für Sie sein."[128]

War Himmlers Mitarbeiter Arnolds Lebensretter?

Etwas komplizierter stellt sich der Sachverhalt dar im Falle
August Meines vom persönlichen Stab des Reichsführers
SS Heinrich Himmler, also eines Mitglieds des Machtzentrums.
Er unterstützt das Gnadengesuch der Eltern für Arnold. Sie
sind ihm dafür sehr dankbar und bescheinigen ihm nach dem
Krieg – ebenso wie Arnold auch –, ein anständiger Mensch zu
sein. Arnold sieht in ihm sogar seinen Lebensretter.

August Meine ist seit 1939 ordentliches Mitglied der SS, aus-
gebildeter Jurist und wird im Krieg während des Russlandfeld-
zuges 1941 verletzt. Himmler beruft ihn dann zur Verstärkung
in seinen persönlichen Stab, dem er bis zum Kriegsende 1945
angehört. Sein unmittelbarer Vorgesetzter ist Rudolf Brandt, der
1947 im Nürnberger Ärzteprozess zum Tode verurteilt wird.
Er wird für schuldig gesprochen, an Entscheidungen über
Menschenversuche in den KZs und an der Tötung von KZ-Häft-
lingen beteiligt gewesen zu sein.

Obwohl Meine wegen häufiger Abwesenheit Brandts und
Himmlers das Berliner Büro mit seinen 20 Angestellten im Wesentlichen geleitet hat, beteuert er in seinem Gerichtsverfahren
im Jahr 1948 immer wieder ausschweifend, von allem nichts gewusst zu haben und nur von der Persönlichkeit Himmlers fasziniert gewesen zu sein. Mittlerweile sei er – wo alles bekannt sei

---

128 Nachlass Münster, Schreiben von Arnold vom 3.2.1948.

– persönlich sehr enttäuscht von Himmler.[129] Als Verantwortlicher für die KZs und die deutsche Polizei hat Himmler August Meine 1943 zur Besichtigung des KZs Oranienburg geschickt, da dieser noch kein KZ gesehen hatte.

Meine bekundet in seinen Aussagen immer wieder, wie wenig er mitbekommen habe. Über die Gräueltaten der Waffen-SS habe er gar nichts gewusst und auch über die Menschenversuche mit KZ-Insassen und über die Ermordung der Juden habe er ebenfalls keine Informationen gehabt. Das Gericht in Bielefeld glaubt ihm dieses profunde Unwissen jedoch nicht: „Der Angeklagte hat auch auf dem Gebiete der Konzentrationslager und der Judenverfolgung die Kenntnis der verbrecherischen Verwendung der SS gehabt und ihr Unrecht erkannt. Er hat gewusst, dass sich Menschen aufgrund ihrer politischen Einstellung ohne irgendein Gerichtsverfahren im KZ befanden. ... Auch die Tatsache, dass Brandt mitwirkte bei medizinischen Versuchen an lebenden Häftlingen in den KZs, besonders solchen, die zu schweren Strafen oder zur Todesstrafe verurteilt waren, ist ihm bekannt gewesen."[130]

Allerdings stellt das Gericht fest, es sei nicht erwiesen, dass der Angeklagte selbst an Verbrechen beteiligt gewesen sei. Und aufgrund mehrerer Zeugenaussagen bescheinigt das Gericht ihm, persönlich ein einwandfreier Mensch gewesen zu sein, der dort, wo er habe helfen können, auch geholfen habe. Es verurteilt ihn 1948 zu zwei Jahren und neun Monaten als Mitglied der SS „in Kenntnis, dass diese für Handlungen verwandt wurde, die

---

129 BAB, R 9361 III/542812, Vermerk August Meine vom 19.4.1948.
130 Ebd., Gerichtsurteil über August Meine vom 26.4.1948.

... als verbrecherisch erklärt worden sind".[131] Die Strafe gilt mit seiner Internierung bei den Briten als verbüßt.

Auch wenn Meine ein maßgeblicher Mensch in dem SS-Machtgefüge ist, hat er zumindest punktuell offenbar noch Reste von menschlichem Empfinden und Anstand. So nimmt er klar dagegen Stellung, als der für den Stab arbeitende Statistiker Dr. Richard Korherr von einem SS-Gruppenführer geohrfeigt wird. Ebenso protestiert er dienstlich gegen die Äußerung eines hohen SS-Führers, man müsse Korherr jedes Glied einzeln zerschlagen.

Gegenüber Rudolf Münster zeigt Meine eine gewisse Verbindlichkeit in einem Brief Ende 1942: „Das Jahr 1942 möchte ich nicht zu Ende gehen lassen, ohne Ihnen wegen der Sache Ihres Sohnes nicht wenigstens noch eine kurze Nachricht gegeben zu haben. Ich nehme mit Bestimmtheit an, dass Ihr Sohn nach dem 31. Januar 1943 in seiner persönlichen Freiheit keinen Beschränkungen mehr unterworfen sein wird. ... Sobald ich hier Näheres weiß, werde ich Ihnen noch einmal schreiben."[132] Arnold und seine Eltern sind fest davon überzeugt, dass Meine ein grundanständiger Mensch ist, der wesentlichen Anteil an dem Gnadenerlass Himmlers für Arnold hat und von allem nichts gewusst hat. So stellt Arnolds Mutter Auguste Meine ein gutes Zeugnis aus: „August Meine lernte ich im Februar 1941 kennen. ... Aus freien Stücken, aus einem menschlichen Mitgefühl erbot er sich, für die Begnadigung unseres Sohnes Arnold Münster bei Himmler vorstellig zu werden, obwohl er wusste, dass auch wir, die Eltern, Anti-Nazis waren. ... Meine konnte uns bereits im Mai mitteilen, dass auf seine Vorstellung Himmler

131 Ebd.
132 Nachlass Münster, Brief von August an Rudolf Münster vom 31.12.1942.

grundsätzlich einer Begnadigung zustimme, nur könne er sich wegen der Kriegslage noch nicht zu einer völligen Freilassung entschließen. … Nach meiner Kenntnis von Meines Charakter halte ich es für ausgeschlossen, dass er von den Verbrechen der Organisation wusste."[133] Und auch Arnold selbst gibt 1945 auf Anraten von Walter Dirks und Eugen Kogon Zeugnis von dem Handeln August Meines in seinem Fall:

„Soweit ich weiß, hätte ich die Freilassung nicht ohne die Unterstützung von August Meine erhalten. Wenn August Meine nicht interveniert hätte, wäre ich wahrscheinlich nach Verbüßung meiner Strafe in ein Konzentrationslager gekommen. Angesichts meiner Krankheit hätte ich das wahrscheinlich nicht überlebt. Daher verdanke ich mein Leben und meine Freiheit August Meine. Aus der Korrespondenz und den Gesprächen, die August Meine mit meinen Eltern hatte, kann man lernen, dass menschlicher Anstand das Motiv für sein Handeln war. Aus diesem Grund ging er ein bemerkenswertes persönliches Risiko ein."[134] Arnold ist seinem vermeintlichen Lebensretter Meine daher in tiefer Dankbarkeit verbunden und schreibt im Jahr 1948 an ihn: „Zu meiner großen Freude habe ich durch meine Eltern gehört, dass Sie nun endlich die schwere Zeit überstanden haben und nun endlich wieder bei Ihrer Familie sind. Ich gratuliere Ihnen von Herzen dazu und möchte Ihnen bei dieser Gelegenheit, nun zum ersten Mal persönlich, meinen tief empfundenen Dank aussprechen für alles, was Sie in einer sehr schweren Lage für mich getan haben. Es ist wohl nicht zu viel gesagt, dass ich Ihrem mutigen Eintreten mein Leben verdanke, und ich möchte nur wünschen, dass sich eine Gelegenheit für mich fin-

---

133 Nachlass Münster, Schreiben von Auguste vom 23.7.47.
134 Nachlass Münster, Schreiben Arnolds vom 12.11.1945, (Original in Englisch, Übersetzung durch den Autor).

det, ein wenig von dieser Dankesschuld abzutragen. ... Ich würde mich sehr freuen, wenn sich bald mal eine Gelegenheit fände, dass wir uns persönlich kennenlernen, nachdem wir bisher nur durch Mittelspersonen so viel voneinander gehört haben."[135]

Doch Meine und Himmler haben einen guten Grund für die Begnadigung Arnolds, jenseits aller Menschlichkeit: Er wird als sehr qualifizierter Wissenschaftler dringend in der Forschung benötigt. Und derjenige, der im Hintergrund die Fäden spinnt und die Anforderung eines Forschungsinstituts nach Unterstützung durch Arnold vorbereit, ist sein Freund und Schwager Paul Ohlmeyer. Er entwickelt eine sehr kluge langfristig angelegte Strategie, die dann auch zum Erfolg führt. Erstaunlicherweise findet sich in den Akten keinerlei Hinweis darauf, dass Arnold die Bedeutung des Agierens von Ohlmeyer für seine Begnadigung bewusst war.

Ohlmeyer arbeitet im Jahr 1941 in der Tbc-Forschung für Dr. Pfaff, Chefarzt einer Heilstätte für Lungentuberkulose in Schlesien und getreuer Parteigenosse. Pfaff teilt Ohlmeyer mit, in Frankfurt solle 1942 ein eigenes Forschungsinstitut gegründet werden. Daraufhin schreibt Ohlmeyer an die Eltern Arnolds: „Arnold kommt als Chemiker infrage, die chemische Leitung habe ich; wenn ich Pfaff sage, der Mann ist geeignet, dann gibt es kein wirksameres Argument. Ich habe dadurch Erfolg gehabt, dass ich kein Wort der Bitte und des Dankens nötig hatte. ... In dieser Korrespondenz sollte jedoch unbedingt vermieden werden, was Pfaff die Rolle eines Wohltäters suggerieren könnte."[136]

Ohlmeyer legt Arnold nahe, sich mit den chemischen Aspekten der Tuberkulose-Therapie zu beschäftigen und eine Denk-

---

135 Nachlass Münster, Schreiben von Arnold an August Meine vom 20.6.1948.
136 Nachlass Münster, Brief von Paul Ohlmeyer an Auguste Münster vom 16.1.1942.

schrift darüber zu verfassen. Die dazu notwendige Literatur besorgt er ihm. Seine Überlegungen, wie er Arnold einsetzen könne, sind schon recht konkret: „Die Form müsste für das Interim wohl etwa diese sein: Halbtagsarbeit, da das Institut wohl kaum die Tätigkeit honorieren könnte. Theoretische Arbeit nach meinen Direktiven."[137] Und sollte das alles nicht klappen, hat er einen Plan B: „Ich würde Arnold dann als stillen Mitarbeiter allmählich einführen und Pfaff für ihn zu interessieren suchen. Jedenfalls werden wir nicht lockerlassen."

Bald kann Ohlmeyer vermelden, Pfaff habe Interesse an Arnold bekommen. Der Chefarzt selbst ist von den wissenschaftlichen Leistungen Arnolds überzeugt. Eine Text von Arnold findet seine große Anerkennung. In einem Brief an Rudolf kommentiert Pfaff die Denkschrift Arnolds zur Tuberkulosetherapie: „Ich darf Ihren Herrn Sohn zu dieser Leistung bestens beglückwünschen und würde mich sehr freuen, wenn sich schon bald eine engere Zusammenarbeit erzielen ließe. Meinerseits werde ich jedenfalls nichts unversucht lassen, dies herbeizuführen."[138]

Als Ermutigung für Arnold, aber auch für die alle Briefe mitlesende Zensur gedacht ist die folgende Passage in einem ansonsten wissenschaftlich gehaltenen Brief von Ohlmeyer an Arnold: „Wenn ich dann bedenke, wie anerkennend namhafte Wissenschaftler sich über die Ansätze zu Deiner Entwicklung in der Chemie geäußert haben, so fände ich es nur pflichtbewusst von Dir, wenn Du die letzte freie Minute für Deine Weiterbildung benutztest. Gerade jetzt im Kriege, wo alle, aber auch alle Kräfte nach Maßgabe der Begabung eingesetzt werden müssen,

---

137 Nachlass Münster, Brief von Paul Ohlmeyer an Auguste Münster ohne Datum.
138 Archiv LWL, Bestand 664, Patientenakte Arnold Münster, S. 70, Brief von Pfaff an Rudolf Münster vom 11.11.1942.

kommt es auf jeden Einzelnen an, und das besonders in der medizinischen Chemie. So sehe denn auch ich die Notwendigkeit ein, die mich nun doch wieder hindert, mich als Soldat für Deutschlands Größe an der Front einzusetzen. Die Marineärztliche Akademie hat mich für unentbehrlich erklärt, und so weiß ich doch wenigstens, dass es deutsche blaue Jungs sind, für die ich täglich tätig bis in die Nacht meine Arbeit leiste. Wohl dem, der sein Leben im zähen Wirken für die Gemeinschaft verbringen kann. Das gilt auch für Dich!"[139]

Die Strategie Ohlmeyers führt schließlich zum Erfolg und Dr. W. Pfaff, Träger des goldenen Parteiabzeichens, fordert bei Himmler Arnold als chemischen Mitarbeiter für sein von Schlesien nach Frankfurt umgezogenes Institut an. Im Januar 1943 bekommen die Eltern die Nachricht von Pfaff, das Institut werde voraussichtlich im Februar in Frankfurt seine Arbeit aufnehmen. Arnold hat zu diesem Zeitpunkt schon einen Entwurf für den Aufbau des Instituts und die zu beschaffende Einrichtung verfasst. Ende des Jahres hat Auguste bereits angefangen, Arnold für die Freiheit auszurüsten und einen Anzug und vieles andere mehr zu besorgen.

Angesichts dieser Aktivitäten relativiert sich die Bedeutung August Meines für die Begnadigung Arnolds doch erheblich. In der Vorbereitung des Gnadenerlasses hat er eine positive Rolle gespielt. Aber ein Risiko ist er dabei ganz sicher nicht eingegangen. Sein Engagement für Arnold stand in Übereinstimmung mit den wirtschaftlichen Erfordernissen des Regimes. Unter dem Gesichtspunkt der Produktivität für das Vaterland dürfte dann Himmler das Unterschreiben des Gnadenerlasses auch nicht schwergefallen sein.

---

139 Nachlass Münster, Brief von Paul Ohlmeyer an Arnold vom 7.1.1942.

Der Kriminalbiologe Dr. Franz Kapp:
Zwischen Hafterleichterung und Rassenlehre

Einem weiteren Menschen bezeugt Arnold gerne seine menschliche Haltung, dem Regierungsmedizinalrat Dr. Franz Kapp. Nach dem Krieg legt er Zeugnis für ihn ab: „Herr Dr. Kapp hat es durch mehrfache Gutachten erreicht, dass ich nicht in das Zuchthaus zurückkehren brauchte, und mich dadurch vor schweren gesundheitlichen Dauerschäden bewahrt. Er zeigte tiefes menschliches Verständnis für meine Lage und gab mir die Möglichkeit, in der Haft das Studium fortzusetzen. ... Durch ein Gutachten vor dem Erbgesundheitsgericht Köln hat mich Herr Dr. Kapp vor der Sterilisierung bewahrt, die von dem Zuchthaus Münster gegen mich beantragt war."[140] In seiner abschließenden Entscheidung über die Sterilisation von Arnold führt das Erbgesundheitsgericht 1941 aus:

„Wenn auch die Diagnose Epilepsie gesichert ist, so bestehen doch Bedenken, ob es sich um erbliche Fallsucht handelt ... Zu dieser Feststellung muss in Anbetracht der schwerwiegenden Folgen ein einwandfreier Nachweis erbracht werden." „Den Bedenken, die Regierungsmedizinalrat Dr. Kapp bezüglich der Diagnose ‚erbliche Fallsucht' geäußert hat, hat sich das Erbgesundheitsgericht nicht verschließen können. Der Sachverständige ist der Ansicht, dass bei den Anfällen psychische Einflüsse eine große Rolle spielen, und dass insbesondere Aufregungen, die durch die Haft und das zzt. schwebende Begnadigungsverfahren entstanden sind, zur Auslösung der Anfälle beigetragen haben ...

---

140 Nachlass Münster, Erklärung von Arnold Münster vom 5.8.1946.

Nach dem Ausgeführten ist es zwar wahrscheinlich, dass Arnold Münster an genuiner Epilepsie leidet. Das Gericht hat dies jedoch, dem überzeugenden Gutachten des Sachverständigen Regierungsmedizinalrat Dr. Kapp folgend, nicht mit der für das Sterilisationsverfahren erforderlichen Sicherheit feststellen können. Der Antrag auf Unfruchtbarmachung war daher, wie geschehen, zurückzuweisen."[141]

Arnold hat Dr. Kapp einiges zu verdanken. Auch eine Reihe von anderen ehemaligen Häftlingen bestätigen Kapp, ihnen Hafterleichterungen gewährt und sie gut behandelt zu haben. Andere werfen ihm vor, sie schikaniert und angeschrien zu haben. Je nach Stimmung und Häftling zeigte der Medizinalrat milde oder auch cholerische Charakterzüge.

Das nationalsozialistische Gedankengut war Kapp allerdings alles andere als fremd. Der Kölner Historiker Dr. Michael Löffelsender zeichnet ein klares Bild von ihm. „Als Leiter der kriminalbiologischen Untersuchungsstelle im Klingelpütz entwickelte auch Kapp einen ausgesprochenen wissenschaftlichen Tatendrang, wenn es darum ging, das ‚Wesen und Werden des Verbrechers', wie er es nannte, zu ergründen und die Kriminalbiologie als Wissenschaft weiter zu fundieren und methodisch zu verfeinern. Seinen ersten Forschungsschwerpunkt bildeten Studien zur Zwangskastration der sogenannten Sittlichkeitsverbrecher, die er aufgrund seiner Erfahrungen als Gutachter und durch die Nachuntersuchungen der Männer anfertigte ... Ganz verkürzt und zugespitzt vertrat er die These, dass Minderbegabung zum einen vielfach erblich bedingt sei und zum anderen

---

141 Archiv LWL, Bestand 664, Patientenakte Arnold Münster, S. 6 ff.

eine wesentliche Quelle für Kriminalität und einen sogenannten ,asozialen Lebenswandel' im Allgemeinen darstellte."[142] Auch Kapps eigene Worte lassen keinen Zweifel über seine nationalsozialistische Überzeugung aufkommen. In der Monatsschrift für Kriminalbiologie und Strafrechtsreform schreibt er 1939: „Die Ausmerzung des angeborenen Schwachsinns durch Unfruchtbarmachung bildet m. E. den Kernpunkt der ganzen negativen Eugenik. Dieser Kampf muss ergänzt werden durch den Kampf gegen Kriminalität und Asozialität, also gegen den ganzen sozialen Ballast, dessen Wurzeln vielfältige sind: Schwachsinn und Minderbegabung im Verein mit psychopathischen Charakterfehlern spielen dabei die Hauptrolle. Soweit dieser soziale Ballast auf erblicher Grundlage beruht, muss er mit in die Maßnahmen der negativen Eugenik einbezogen werden, wenn unsere Bemühungen um die Wiedergesundung und Gesunderhaltung unserer Volkskraft auf Dauer erfolgreich sein sollen."[143] Und weiter unten wird er dann schon konkreter: „Wenn wir mit Zahlen von 2 bis 6 % Schwachsinnigen in der Gesamtbevölkerung operieren und diese Zahlen anerkennen, dann müssen wir auch den Mut haben, die Folgerung aus diesen Zahlen zu ziehen und einen entsprechenden Prozentsatz zur Sterilisation zu bringen."[144] Er schließt: „Bei allem muss der Blick auf die Gesamtsippe und deren Bewertung gehen. Dabei erscheint es mir ... überhaupt richtig zu sein, in der praktischen Tätigkeit der Erbgesundheitsgerichte ... von dem bisherigen Brauch, Einzelfälle zu bringen ... abzugehen und mehr und mehr

---

142 Michael Löffelsender, Vortrag NS-Dokumentationszentrum Köln am 16.3.2012, S. 5.
143 Franz Kapp, Zur Unfruchtbarmachung bei angeborenem Schwachsinn und über ihre Bedeutung im Kampf gegen Kriminalität und Asozialität, in „Monatsschrift für Kriminalbiologie und Strafrechtsreform", München/Berlin 1939, S. 17 ff.
144 Ebd., S. 19.

die Gesamtsippe zu erfassen und mit möglichst viel Gliedern vor das Erbgesundheitsgericht zu bringen; nur so können wir auf die Dauer das Größtmögliche erreichen."[145]

Wie viele ehemalige Nazis auch stellt er sich nach dem Krieg als Widerstandskämpfer dar. So begründet er seinen Eintritt in die NSDAP zum 1. Mai 1933 damit, dies habe ihm ein befreundeter katholischer Geistlicher nahegelegt, um „für die katholische Sache gerade diesen Posten" zu halten.[146] Auch sein langjähriger Freund, Amtsgerichtsdirektor Nesseler, bescheinigt Kapp, er habe alles getan, um die nationalsozialistische Partei zu bekämpfen, „soweit er dies mit seinen Pflichten als Arzt und Gutachter, der immer unter Eid stand, vereinbaren konnte".[147] In den zu seinen Gunsten ausgestellten Zeugnissen wird schon sein Bekenntnis zum Katholizismus als Akt des Widerstands gegen die Nationalsozialisten interpretiert. So habe er auf einer Dienstreise selbst in Anwesenheit nationalsozialistischer Ärzte ein Tischgebet gesprochen.

Kapp wird nach dem Krieg als „Mitläufer" klassifiziert. In der Zusammenfassung des Entnazifizierungs-Hauptausschusses heißt es: „Der Untersuchungsausschuss empfiehlt, ihn im Strafvollzugsdienst nicht mehr zu beschäftigen. Dr. Kapp hat überzeugend dargetan, dass er dem Nationalsozialismus stets ablehnend gegenüberstand. Er hat sich aber auch in der Öffentlichkeit öfters so verhalten, dass er als Anhänger der nationalsozialistischen Idee von Außenstehenden angesehen werden konnte. Sein wiederholtes schroffes Auftreten gegenüber den Häftlingen lässt ihn für den Strafvollzug nicht geeignet erschei-

---

145 Ebd., S. 23/24.
146 Landesarchiv NRW, Gerichte Rep. 231 Nr. 166, S. 8.
147 Ebd., S. 36.

nen."[148] Kapp kehrt wieder zurück in das katholisch geprägte Milieu, in dem er sich bereits vor 1933 bewegt hatte und stirbt 1980 in Essen als angesehener Psychiater.

Eine wissenschaftliche Blitzkarriere

Im Zuchthaus hat Arnold trotz sehr schwieriger Bedingungen seine Studien der Chemiewissenschaften fortgesetzt; und zwar mit einem solchen Erfolg, dass er kurze Zeit nach seiner Haftentlassung den Aufsatz veröffentlichen kann „Zur Theorie der Lösungen hochpolymerer Substanzen". Diese Publikation findet in der Fachwelt umgehend Aufmerksamkeit. Sein Freund und Kollege Hans Sillescu beschreibt die Qualität der Arbeit bewundernd: „Es erscheint zunächst völlig unbegreiflich, dass ein Strafgefangener während der Verbüßung seiner Haftstrafe von acht Jahren die theoretischen Teile eines vollen Studiums der Chemie und der Physik bewältigen kann und gegen Ende der Haftzeit sogar so weit in ein spezielles Forschungsgebiet eindringen konnte, dass er unmittelbar nach der Entlassung eine wissenschaftliche Publikation verfasste, die in Fachkreisen sofort Aufsehen erregte."[149]

In dieser frühen Schrift hat Arnold einen originellen Denkansatz entwickelt. Sillescu schreibt dazu: „Die gleiche Idee hatten, vielleicht sogar zur gleichen Zeit, der spätere Nobelpreisträger Paul Flory sowie Maurice Huggins. Allerdings haben diese ihre Ergebnisse bereits 1941 im Journal of Chemical Physics publiziert, einer Zeitschrift, die in Deutschland während

---

148 Landesarchiv NRW, Gerichte Rep. 231 Nr. 166, S. 2 ff.
149 Hans Sillescu, Arnold Münster, in „100 Jahre Physik an der Goethe-Universität in Frankfurt am Main 1914–2014", Hrsg.: Klaus Bethge und Claudia Freudenberger, Frankfurt am Main 2014, S. 517.

des Krieges nicht zugänglich war. Die Flory-Huggins-Theorie steht heute in jedem Lehrbuch der Polymerphysik."[150] Münsters Ansatz weise allerdings gegenüber demjenigen von Flory und Huggins noch einige Vorteile auf, meint Sillescu.

Arnold lernt während seiner zahlreichen Amerikareisen in den Fünfzigerjahren beide Wissenschaftler persönlich kennen.

Es bedeutet ihm eine kleine Genugtuung, als ihm der berühmte Maurice Huggins aus New York 1950 schreibt: „Ich fand kürzlich die Kopien Ihrer Arbeit, die Sie mir früher geschickt haben; sehr interessant. … Ich studierte jetzt Ihre Arbeit sehr viel genauer als seinerzeit, als sie hier ankam. Ich möchte Ihnen gratulieren zu einem sehr interessanten und eigenständigen Ansatz zu dem Thema. Ich hoffe, dass wir uns einmal treffen und darüber ausführlich diskutieren können."[151]

Arnold absolviert die akademischen Grade im Rekordtempo. Im Jahr 1946 nimmt er an der Universität Heidelberg sein Studium der Chemie wieder auf. Schon im Mai 1947 legt er seine Diplomprüfung in den Fächern Anorganische Chemie, Organische Chemie und Physikalische Chemie mit der Note sehr gut ab. Im Juli desselben Jahres promoviert er in Chemie, Physik und Mathematik mit der Gesamtnote „sehr gut". Auf Einladung der Fakultät wird er 1949 in Frankfurt für das Fach Physikalische Chemie habilitiert. Titel der Habilitationsschrift: „Über die statistische Thermodynamik binärer flüssiger Gemische".

Seine Frau Lilly unterstützt ihn in jeder Hinsicht. Mit den Einkünften aus ihrer Praxis muss sie die Familie ernähren. Sie drängt Arnold energisch dazu, seine wissenschaftliche Laufbahn fortzusetzen. Er selbst will aus der materiellen Not heraus

---

150 Ebd.
151 Nachlass Münster, Brief von Huggins an Arnold vom 1.5.1950, (Original in Englisch, Übersetzung durch den N. M..

schon seine Studien aufgeben und eine Stelle als Direktor des Arbeitsamtes annehmen, um so seinen Beitrag zur Finanzierung der Familie zu leisten.

Neuanfang in Amerika?

1947 erwägt Arnold, in die USA auswandern. Schon während seiner Gefangenschaft hat sein Bruder Clemens ihn auf die hervorragenden Möglichkeiten für wissenschaftliches Arbeiten in den Vereinigten Staaten aufmerksam gemacht. Und er will unbedingt zur akademischen Forschung. In den USA ist er gefragt und hat für 1948 eine Einberufung in die Rockefeller-Stiftung in Aussicht.[152] Vielleicht will er mit dem dunklen Kapitel seines Lebens und der deutschen Geschichte abschließen und vollkommen neu beginnen. Denn er macht sich keine Illusion darüber, dass es die Nazis immer noch gibt, selbst wenn sie nicht mehr an der Macht sind. Aber sie haben gute Netzwerke und kommen schnell wieder in entsprechende Positionen. Schließlich ist die Stimmung in der Bevölkerung alles andere als eindeutig. Auf die Frage „Wann in diesem Jahrhundert ist es nach Ihrem Gefühl Deutschland am besten gegangen?" antworten im Jahr 1951 immerhin 42 Prozent „in der Zeit zwischen 1933 und 1939" und nur ganze zwei Prozent mit „jetzt".[153]

Die Pläne für die Auswanderung sind 1947 schon relativ konkret. Über seinen Bruder Clemens hat er eine Empfehlung des Bischofs von Fargo, Aloysius Joseph Muench, der Leiter der päpstlichen Mission für die Flüchtlinge in Deutschland mit Sitz

---

152 S. Rudolf Münster, Autobiografie, Teil II, S. 163 und 171.
153 Jahrbuch der öffentlichen Meinung 1958–1964, Hrsg.: Von Elisabeth Noelle und Erich Peter Neumann, Bonn 1965, S. 230.

in Kronberg im Taunus ist. Auch Walter Dirks[154], den Arnold schon aus Münster her kennt und mit dem er gelegentlich musiziert, bescheinigt ihm mit einem Schreiben an die amerikanischen Behörden eine ungebrochene antifaschistische Gesinnung: „Dass die Zuchthauszeit seine Überzeugung nicht gebrochen hat, zeigten mir nach seiner Entlassung die Gedichte und Arbeiten, die er während der Haft geschrieben hat. Ebenso geht aus den vielen Gesprächen, die wir nach der Kapitulation laufend miteinander führten, deutig hervor, dass die antireaktionäre und antifaschistische Überzeugung, die für sein politisches Denken kennzeichnend ist, niemals gebrochen wurde."[155]

---

154 Walter Dirks, Jahrgang 1901, engagiert sich schon als junger Mann in der linkskatholischen Jugendbewegung. Nach mehreren Semestern Theologiestudium in Paderborn, Münster und Gießen wendet er sich dem Journalismus zu. Seine publizistische Laufbahn beginnt er 1923 bei der Rhein-Mainischen Volkszeitung, die in diesem Jahr der Zentrums-Abgeordnete und Physiker Friedrich Dessauer übernimmt. Dessauer zeigt gegenüber der Redaktion eine große Liberalität, lässt ihr politisch vollkommene Freiheit und unternimmt keine Versuche, dort die offizielle Zentrums-Linie durchzusetzen. Der noch junge Walter Dirks trägt wesentlich zur Entwicklung des sozial engagierten linkskatholischen Kurses des Blattes bei. Mutig attackiert er immer wieder die Nationalsozialisten und prangert in einer Rezension Ende Februar 1933 ihren „pöbelhaften und parvenühaften Betrieb" an. Am 15. März 1933 platziert er auf Seite eins der Zeitung unter der Überschrift „Auch ein Jubiläum" einen Artikel zum 50. Todestag von Karl Marx. (S. Karl Prümm, Walter Dirks und Eugen Kogon, Heidelberg 1984, S. 89). Unter anderem verfasst er mit einer fundierten musikalischen Ausbildung auch Musikkritiken. Nach dem Verbot der Rhein-Mainischen Volkszeitung im Jahr 1934 findet Dirks nach anderthalb Jahren Arbeitslosigkeit eine Anstellung bei der Frankfurter Zeitung. Dazu Dirks: „In der Redaktion der ehemals konsequent liberal geführten Zeitung fanden sich damals nach der Eliminierung der Juden im Zeichen eines vorsichtig verborgenen Anti-Nazismus, Sozialisten, Volks-Konservative, Protestanten und eben auch Katholiken zusammen. Die Zeitung existierte aufgrund eines wechselseitigen Betrugsversuchs: Für Goebbels und das Auswärtige Amt waren wir ein Aushängeschild: Das Ausland sollte sehen, dass es im Dritten Reich eine freie Presse gab. Wir nutzten die Chance, um einen Rest an Würde, Anstand, Menschlichkeit, Bildung, gutem Deutsch durch die Diktatur hindurch zu retten" (Walter Dirks, der singende Stotterer, Autobiografische Texte, München 1983, S. 23). Als auch die Frankfurter Zeitung im Jahr 1943 von Hitler verboten wird, entwickelt Dirks im Auftrag des Herder-Verlages zusammen mit Clemens Münster die Pläne für eine Publizistik nach dem Krieg, aus denen die späteren Frankfurter Hefte entstehen. (S. Karl B. Schelting (Hrsg.), Zeugen des Jahrhunderts, Wirtschaft und Gesellschaft, Walter Dirks im Gespräch mit Ingo Hermann, Frankfurt am Main 1981.)

155 Nachlass Münster, Schreiben von Walter Dirks an die amerikanischen Behörden mit Datum vom 5.2.1947.

Die Absicht auszuwandern setzt Arnold jedoch nicht um. Stattdessen erhält er im Jahr 1948 ein Forschungsstipendium der Leibniz-Stiftung an der Universität Marburg. Während der Währungsreform stellt die Stiftung ihre Zahlungen ein. Arnold findet jedoch rasch eine Anschlussanstellung als wissenschaftlicher Mitarbeiter im Forschungslabor der Zellstofffabrik Waldhof, nahe bei Mannheim. Zu Beginn des Jahres 1951 übernimmt er die Leitung des Metall-Labors der Metallgesellschaft und fährt in der zweiten Jahreshälfte zu einer Vortragsreihe in die Vereinigten Staaten. Diese Reise ist für ihn beruflich von großer Bedeutung, unter anderem pflegt er auch Kontakte zum renommierten MIT (Massachusetts Institute of Technology). Doch auch seine alte Leidenschaft, das Klavierspiel, bricht wieder aus. Anlässlich einer Abendgesellschaft setzt er sich mit seinem Gastgeber zusammen an das Piano. Dazu schreibt er an Lilly: „Ich habe mich verleiten lassen und konnte tatsächlich noch Schuberts C-Dur-Symphonie ohne allzu große Versager vierhändig vom Blatt spielen. Sie machten mir darauf fürchterliche Komplimente. Das Schlimmste ist, dass ich wieder Blut geleckt habe. Hätten wir doch einen Flügel."[156] Doch auf den muss er noch etwas warten.

Anfang der Fünfzigerjahre liebäugelt er weiter mit dem Gedanken, ganz in die Vereinigten Staaten überzusiedeln. Er berichtet Lilly aus New York, er habe auf einem Kongress den Rektor der TH Berlin, Iwan Stranski, getroffen: „Er zog mich gleich in eine Ecke, fing an, meine Arbeiten über den grünen Klee zu loben. ... Dann sagte er, ich würde bald einen guten Ruf in die USA bekommen, er sei selbst darüber befragt worden und habe mich heftigst empfohlen. Er beschwor mich beinahe, diesen Ruf

---

156 Nachlass Münster, Brief von Arnold an Lilly vom 27.10.1951.

anzunehmen und nicht in Europa zu bleiben. … Und ich bitte Dich, nochmals ernst zu überlegen: Wenn sich eine gute Möglichkeit bietet herüberzugehen, sollen wir es nicht vor allem um der Kinder Willen tun?"[157] Seine Position ist ambivalent: Grundsätzlich würde er lieber in Europa bleiben. Aber immer wieder taucht das Motiv auf, der Kinder wegen nach Amerika zu gehen. Es scheint, dass er der demokratischen Entwicklung in Deutschland nicht so richtig traut.

Elternglück und Ehekrise

Im Jahr 1948 sind die größten Wirren der Nachkriegszeit durchgestanden und das alltägliche Leben nimmt wieder seinen Gang. Arnold pendelt in die Zellstofffabrik Waldhof in Mannheim, wo er als wissenschaftlicher Mitarbeiter arbeitet. Lilly führt ihre kleine Praxis in der Wohnung, in der auch noch ihre Mutter und Johannes leben. Aber dieses Jahr bringt auch eine große Freude mit sich. Arnold und Lilly wird der erste gemeinsame Sohn Thomas geboren. Beide sind beglückt und Thomas ist vom ersten Tag an ein bildhübsches Baby, das mit seinem Strahlen die Nachbarn bezirzt, ihm Apfelsinen in sein Körbchen zu legen, wenn dies im Hinterhof steht.

Doch nachdem die äußeren Widrigkeiten der Zeit bewältigt sind, kommt die erste schwere Krise der Ehe. Arnold unternimmt im Sommer 1951 eine Vortragsreise in die USA und lernt während der Fahrt über den Atlantik auf dem Schiff eine attraktive verheiratete Frau kennen. Er verfällt in eine heftige Liebe zu ihr, die auch erwidert wird. In den USA angekommen treffen sich die beiden häufig und gehen gerne miteinander aus. Gleich-

---

157 Nachlass Münster, Brief von Arnold an Lilly vom 6.9.1951.

wohl pflegt er einen intensiven Briefkontakt zu seiner Frau Lilly, die das nächste Kind erwartet und hochschwanger alleine den Umzug in die neue Dienstwohnung in der Lessingstraße 5 bewerkstelligen muss. Doch auch die Amerikareise geht irgendwann zu Ende und Arnold kehrt nach Frankfurt zurück. Wenig später, am 26. Dezember 1951, erblickt Nikolaus das Licht der Welt. Emotional zwischen den beiden Frauen hin- und hergerissen hat Arnold bei seiner Geburt zwiespältige Gefühle. Er hat es nicht besonders eilig, das Neugeborene zu sehen, sondern will erst einmal seinen Mittagsschlaf halten. Lilly verübelt ihm das ein Leben lang.

Die Leitung des Metall-Labors

Zum 1. Januar 1951 übernimmt Arnold die Leitung des Metall-Laboratoriums der Metallgesellschaft. Er leitet den Neuaufbau und die Behebung der Kriegsschäden, und das offenbar sehr erfolgreich. In der Chronik des Metall-Laboratoriums heißt es: „… trotz dieser erfreulichen Entwicklung seit Kriegsende litt das Metall-Laboratorium unter einer vielfach als bedrückend empfundenen Stagnation. Dies änderte sich schlagartig mit Beginn des Jahres 1951, als Dr. Arnold Münster – damals Privatdozent an der Frankfurter Universität – die Leitung des Metall-Laboratoriums übertragen wurde."[158] Mit dem weiteren Auf- und Ausbau des Labors leistet er eine fachlich unumstrittene Arbeit. Er genießt großes Ansehen und sitzt fest im Sattel. Zufrieden äußert er sich zu Lilly: „Jetzt kann ich nur noch gekündigt werden, wenn ich silberne Löffel stehle." Doch dann kommt alles ganz

---

158 Günter Wassermann und Peter Wincierz, Das Metall-Laboratorium der Metallgesellschaft AG 1918–1981, Frankfurt am Main 1981, S. 54.

anders als gedacht. Nach sechs Jahren, also 1957, endet seine Anstellung jäh.

Der Vorstand will ihm einen Mitarbeiter an die Seite stellen, den er fachlich überhaupt nicht schätzt. Als es ihm auch nicht über das befreundete Vorstandsmitglied, Hellmut Ley, der 1961 Vorstandsvorsitzender werden sollte, gelingt, diese Planung zu verhindern, einigt man sich über die Auflösung des Vertrages. In der Familiensaga heißt es, er habe Probleme mit den Mitarbeitern gehabt. In seinem Lebenslauf bezeichnet er dieses Datum kurz mit der Bemerkung: „Beendigung der hauptamtlichen Industrietätigkeit." Auf einem Zettel hat Arnold notiert, Ley – mit dem er weiterhin befreundet ist – habe ihm später erzählt, der Vorstandsvorsitzende von Siemens, Hans Kerschbaum, habe ihm schwere Vorwürfe gemacht, dass er „den Münster hat gehen lassen".[159]

Während der Zeit bei der Metallgesellschaft baut er seinen internationalen Ruf als Wissenschaftler durch zahlreiche Vortragsreisen weiter aus. Unter anderem ist er 1953 Gastprofessor an der Universität Göttingen, in demselben Jahr wird er zum außerplanmäßigen Professor an der Universität Frankfurt ernannt, Vorträge hält er in Frankreich, Belgien, Holland und England. In Göttingen kommt er einem Lehrauftrag nach. Parallel dazu vollendet er sein Hauptwerk, die „Statistische Thermodynamik", das erstmals 1956 mit einem Umfang von 852 Seiten erscheint und ihm noch weitere Reputation verschafft. Doch sein Wunsch, eine wirklich umfassende Monografie über statistische Thermodynamik zu verfassen, lässt ihn nicht los. Bis zum Jahr 1969 wächst das Werk auf zwei stattliche Bände an mit insgesamt 1.549 Seiten. Nach über 40 Jahren ist in den Bibliotheken die Nachfrage nach diesem grundlegenden

---

159 Nachlass Münster, Notizzettel von Arnold.

Werk noch ungebrochen. Das verwundert vor allem unter dem Aspekt, wie schnell sich die Wissenschaft auf diesem Gebiet entwickelt hat.

Der Bruder Clemens als Publizist und Fernsehdirektor

Ähnlich erfolgreich, aber auf einem ganz anderen Pfad, gestaltet sich die Laufbahn von Arnolds sechs Jahre älterem Bruder Clemens, der von seiner Ausbildung her ebenfalls Naturwissenschaftler ist und in Münster Mathematik, Physik und Chemie studiert hat. Insofern hatte er auch die Möglichkeit, Arnold bei seinem Studium im Zuchthaus zu unterstützen und ihm alle Fragen zu beantworten. Clemens verabschiedet sich nach dem Krieg von seiner naturwissenschaftlichen Tätigkeit als Leiter der Forschungsabteilung der Firma Carl Zeiss in Jena und widmet sich einem großen publizistischen Projekt.

Er ist gut befreundet mit dem Publizisten Walter Dirks, den er über Arnold kennengelernt hat. Mit Dirks zusammen entwickelt er noch während des Krieges in konspirativer Arbeit Pläne für ein gemeinsames publizistisches Wirken nach dem Krieg, aus denen dann die Frankfurter Hefte im Herder-Verlag entstehen. Zu Clemens Münster und Walter Dirks stößt nach dem Krieg noch als Dritter im Bunde der Gründer der Frankfurter Hefte der Soziologe Eugen Kogon. Da Kogon vom Militärrat die Lizenz für die Publikation erhält, kommt ihm auch eine herausgehobene Rolle zu.

Diese linkskatholisch geprägte Zeitschrift ist mit einer Auflage von 75.000 Exemplaren eine der einflussreichsten gesellschafts- und kulturpolitischen Publikationen der Nachkriegszeit, in der sich nahezu alle bedeutenden intellektuellen Debatten um die Zeitfragen abbilden und die mit ihrer Grundhaltung heftigen geistigen Widerstand gegen alle restaurativen Tendenzen leistet.

Die Frankfurter Hefte formulieren die Absicht, eine offene und kritische Diskussion über die dunkle Vergangenheit und die ungewisse Zukunft zu führen. In dem Geleitwort zur ersten Ausgabe heißt es: „Wir erwarten also ‚nachdenkliche' Leser. Wir glauben, dass wir so der Erneuerung Deutschlands einen Dienst erweisen. ... Das Dunkel um uns soll sich lichten. Wir wollen alle mithelfen, das Undurchsichtige und das Rätselhafte, das uns bedroht, zu klären, soweit das uns, die wir eben aus einem Abgrund kommen, und dem Menschengeist überhaupt vergönnt ist." Weiter schreiben die Herausgeber: „Wir möchten indes mehr: nämlich den Leser, den wir nachdenklich gemacht haben, aus dieser Nachdenklichkeit zu notwendigen Scheidungen und Entscheidungen bringen, ihm Mut zum Nein geben und noch mehr Mut zum Ja."

Anfang der Fünfzigerjahre verabschiedet sich Clemens von diesem Projekt aufgrund von Dissonanzen mit Eugen Kogon, dem er diktatorisches Verhalten vorwirft.[160] Schon 1949 erhält Clemens eine Anstellung beim Bayerischen Rundfunk als Leiter der Abteilung Kultur und Erziehung. Aufgrund politischer Kontroversen wird er dann abgestellt für den Versuchsbetrieb des aufzubauenden Fernsehens. Da der damalige Intendant das für ein vollkommen aussichtsloses Vorhaben hält, kommt dies in seinen Augen einer Abschiebung auf eine bedeutungslose Position gleich. Der Bayerische Kultusminister Alois Hundhammer beurteilt die Zukunft des Fernsehens allerdings positiver und meldet Bedenken gegen die Personalentscheidung an, da ihm die

---

160 S. Nachlass Walter Dirks, Friedrich-Ebert-Stiftung, Signatur 1/WDAC000053 A, Brief von Clemens Münster an Walter Dirks vom 6.2.1950.

politische Richtung des linkskatholisch orientierten Clemens nicht passt – jedoch ohne Erfolg.

Anders als seine Widersacher macht Clemens sich auf vielen Reisen in „Fernsehländer" kundig und erkennt die großen Möglichkeiten des neuen Mediums. Allerdings weiß er sehr gut, dass er klein anfangen muss. 1954 wird er schließlich zum Fernsehdirektor des Bayerischen Rundfunks ernannt, den er in den folgenden 17 Jahren aufbauen und prägen sollte. Als es 1955 in der Bundesrepublik gerade einmal 200.000 Fernsehgeräte gibt, erkennt er weitsichtig das Potenzial dieses Mediums als „großes Kulturinstrument von morgen"[161]. Clemens steht in der Tradition der Vertreter eines freien, unabhängigen, föderativen Rundfunks. 1959 formuliert er: „Nur wer unabhängig ist, findet die Wahrheit. Nur wer unabhängig ist, ist vertrauenswürdig."[162] Aus dieser Grundüberzeugung heraus verteidigt er vehement den Sender gegen politische Einflussnahme und insbesondere die Sendung der Münchner Lach- und Schießgesellschaft, die immer wieder wegen ihrer politischen Angriffslust auf alles Konservative heftigen Attacken des Rundfunkrates ausgesetzt ist. Durch die starken Kontroversen um diese Sendung wird sie letztlich auch zum besonderen Lieblingskind von Clemens und er lässt es sich nicht nehmen, bei jeder Fernsehaufzeichnung persönlich anwesend zu sein.

Eine enge Freundschaft verbindet Clemens mit der Schriftstellerin Ingeborg Bachmann, die er in den Fünfzigerjahren als Dramaturgin einstellt, als sie schon erste literarische Erfolge vorweisen kann. Clemens schätzt sie sehr und beschäftigt sich

---

161 S. Süddeutsche Zeitung vom 12./13.11.1955.
162 S. auch den Nachruf von Bettina Hasselbring in „Rundfunk und Geschichte, Mitteilungen des Studienkreises Rundfunk und Geschichte", Nr. 2/3 April/ Juli, 1998, 24. Jahrgang.

intensiv mit ihren Werken. An seinen Bruder Arnold schreibt er: „Bei der Herausgabe ihrer Werke habe ich vier Jahre lang meine ganze freie Zeit die Rolle des männlichen Mitherausgebers gespielt."[163] Noch zehn Jahre nach ihrem Tod formuliert er in einem anderen Brief: „Wir vermissen sie noch immer sehr."[164] Von 1969 bis 1974 fungiert Clemens Münster zudem als Präsident und Dozent an der Hochschule für Fernsehen und Film in München, die er 1967 als Mitinitiator ins Leben gerufen hat. Clemens Münster ist nie ein geschmeidiger oder gar bequemer Mitarbeiter. Vielmehr eckt er oft an und sorgt mit pointierten Meinungen wie seiner Ablehnung der Atombewaffnung der Bundesrepublik gelegentlich für Schlagzeilen.

Der Lebenshunger nach dem Krieg

Die Familie Münster lebt mit den drei Kindern und Lillys Mutter in der Dienstwohnung Arnolds in der Lessingstraße. Außerdem ist dort auch die kieferorthopädische Praxis von Lilly untergebracht. Für sie sehr komfortabel, sie hat keinen Weg zur Arbeit und kann während ihrer Praxisstunden an den Nachmittagen zumindest gelegentlich ein Auge auf die Kinder werfen. In den Fünfzigerjahren bekommt auch die jeweilige Haushälterin Quartier in der Wohnung. Manch eine bessert ihr Gehalt bei den GIs im Bahnhofsviertel etwas auf.

Die Lessingstraße liegt mitten im Westend und damit sehr zentrumsnah. Das Haus stammt aus den Dreißigerjahren und hat den Krieg unbeschadet überstanden. Die Kinder spielen auf den noch weitgehend autofreien Straßen und auf den Trümmer-

---

163 Nachlass Münster, Brief von Clemens an Arnold vom 8.9.1983.
164 Nachlass Münster, Brief von Clemens an Arnold vom 15.12.1983.

grundstücken, die aufregender als jeder Abenteuerspielplatz sind. Zwischen den unübersichtlichen Schutthügeln mit noch jungen Bäumen und allerlei Gestrüpp können sie sich gut verstecken. Insbesondere die Holundersträucher breiten sich überall aus. Ihre Zweige lassen sich hervorragend aushöhlen und dann mit den noch grünen Beeren versehen als Blasrohre verwenden. Etwas unheimlich wirken die Obdachlosen, die gelegentlich dort übernachten.

Der Krieg gehört schon seit Jahren der Vergangenheit an und das Wirtschaftswunder verbreitet Aufbruchsstimmung und Optimismus. Lilly und Arnold wollen das Leben genießen, wollen nachholen, was ihnen Naziterror und Krieg vorenthalten haben. Erste Urlaubsreisen führen die Familie in die Alpen, das Hochgebirge ist eine Leidenschaft von Arnold. Aber auch die ewige Sehnsucht nach Italien bricht durch. Ohne Kinder bereist das Paar die Küste von Amalfi und Pompeji. In Frankfurt sind die beiden viel auf Cocktailpartys, Sektempfängen und Abendgesellschaften unterwegs. Lilly tritt immer äußerst elegant auf mit ihren selbst geschneiderten Kleidern. Auf den überlieferten Fotos strahlt das Paar mit den zeitgemäßen Sektschalen in der Hand Lebenshunger und Lebenslust aus.

Doch im Alltag sind noch viele Erscheinungen der Nachkriegsgesellschaft wahrzunehmen. Der Lumpensammler mit Schiebermütze und einer groben Stoffjacke geht regelmäßig mit seinem Handkarren durch die Straßen: „Lumpen, Altpapier, Eisen." Einmal in der Woche kommt der Eismann mit seinem von Pferden gezogenen gelben Kastenwagen und verkauft Eisstangen, die im Winter in den tiefen Kellergewölben unter dem Sachsenhäuser Berg eingelagert und dann im Sommer verkauft werden. Sie werden nach Bedarf zersägt und dann in die Wohnung geliefert. Von Haus zu Haus zieht auch der Scherenschleifer, der in der Garageneinfahrt sein Schwungrad und seinen Schemel aufbaut und unter den neugierigen Augen der Kinder die Küchenmesser und Scheren in der Nachbarschaft schärft. An den Haustüren klingeln regelmäßig die Verkäufer von Bürsten und Besen aus den Blindenheimen.

Im Jahr 1953 erhält Arnold den Bescheid für seine Wiedergutmachung: Für die verbüßte Strafe werden ihm 3.600 DM zugesprochen. Sicher kein Äquivalent für das erlittene Leid und Unrecht und die gestohlenen Lebensjahre. Zu dieser Zeit jedoch ein fast unermesslicher Reichtum. Damit erfüllt er sich einen schon lange gehegten Wunsch und kauft sich einen Flügel. Ein wunderbares Instrument der Marke Bechstein, das noch heute Berufsmusiker wie Dilettanten durch seinen warmen, runden Klang und den weichen Anschlag entzückt. Es ist ein Zynismus der Geschichte, dass ein Häftling aus der NS-Zeit seine Wiedergutmachung ausgerechnet in einen Bechstein-Flügel anlegt. Zählte doch die Familie Bechstein zu den engeren Freunden Hitlers und bildete das wichtigste persönliche Bindeglied zwischen den Wagners und Hitler.[165] Da solche Beziehungsgeflechte erst Jahrzehnte später erforscht und damit öffentlich werden, hat Arnold davon mit Sicherheit nichts gewusst. Aber vielleicht hätte er sich als Musiker trotzdem für diesen samtenen Klang entschieden.

Die alten Netzwerke bestehen fort

Aufgrund der Auflösung des Vertrages mit der Metallgesellschaft beginnt Arnold im Jahr 1957 eine intensive Kommunikation mit angesehenen Forschungsstätten. Er hat den großen

---

165 Vgl. Brigitte Hamann, Winfried Wagner oder Hitlers Bayreuth, München 2009, 5. Auflage, S. 73.

Wunsch, der zweckgebundenen Forschung der Industrie den Rücken zuzuwenden und in die akademische Laufbahn zurückzukehren. Als Wissenschaftler ist er bekannt und gefragt, insofern muss er kaum formelle Bewerbungsschreiben verschicken. Das wird auch deutlich, wie, als er ein Schreiben der Europäischen Atomgemeinschaft Euratom beantwortet, in dem ihm – nach mehreren Erfolg versprechenden Gesprächen – mitgeteilt wird, dass „nach dem Statut der Beamten der Gemeinschaft … Einstellungen nur im Wege der Stellenausschreibungen erfolgen". Seine Antwort: „Ich habe nicht die Absicht, das Amtsblatt der Europäischen Gemeinschaft zur verfolgen. Falls bei Euratom Interesse an meiner Person bestehen sollte, wollen Sie bitte meine Anschrift dem Briefkopf entnehmen."[166]

Über seine zahlreichen Kontakte lotet er seine Möglichkeiten aus. Unter anderem ist er auch im Gespräch für den Lehrstuhl Physikalische Chemie in Wien. Der Österreichische Bundeskanzler Julius Raab macht sich mit einem Empfehlungsschreiben für ihn stark.[167] Eine feste Zusage erhält er aus Amerika, die er jedoch dann ablehnt, um eine Professur an der Sorbonne in Paris anzunehmen.

In diese Zeit fällt auch die Bewerbung auf eine Professur in Saarbrücken für das Fach Physikalische Chemie. Von seiner überragenden Qualifikation her hat er wohl sehr gute Chancen. Doch daraus wird nichts, er hat gegenüber Norbert G. Schmahl vom Institut für Eisenhüttenwesen in Aachen das Nachsehen. Schmahl bringt es später in Saarbrücken zum Dekan. Ein Freund aus London schreibt Arnold zu dem Vorgang: „Auch die

---

166 Nachlass Münster, Schreiben von Arnold an J. Gibbels, Europäische Atomgemeinschaft, vom 9.10.1963.
167 Nachlass Münster, Schreiben des Österreichischen Bundeskanzlers Julius Raab vom 23.9.1957.

alten Nazis sterben einmal aus, nachdem sie sich gegenseitig mit Ehrendoktoraten, Professor- und Ehrensenatortiteln überladen haben. Diese Titel zählen hier nicht, hier sieht man nur auf die wissenschaftliche Leistung, und den Vorsprung der Leistung haben Sie wenigstens – obwohl braune Punkte in ihrer Vergangenheit heute noch für Ihre Karriere in Deutschland wichtiger wären. Wenn man schma(h)l ist, ist es leichter, eine Professur zu bekommen, besonders wenn man Schüler des freiwilligen Volkssturmhelden von 1945 ist."[168] Schmahl ist 1940 in die Partei eingetreten und war Scharführer der Marine-SA. 1945 wurde er als Dozent und Assistent an der Universität Marburg auf Veranlassung der Militärregierung entlassen. Ein Jahr später stuft ihn die Spruchkammer Marburg-Stadt II als Mitläufer ein.[169] Seine Berufung in Saarbrücken bildet in dieser Zeit keine Ausnahme. zum Beispiel wird im selben Jahr der nationalsozialistische Kulturfunktionär und Sänger von Nazi-Kampfliedern Joseph Müller-Blattau zum Ordinarius für Musikwissenschaft an der Universität des Saarlandes berufen.[170]

Eine ähnliche Erfahrung macht Arnold im Jahr 1958 bei der Bewerbung auf einen Lehrstuhl der Universität Münster. Seine wissenschaftliche Qualifikation belegt er mit Gutachten mehrerer renommierter Wissenschaftler – unter anderem auch von dem Nobelpreisträger Otto Hahn. Der Vorstandsvorsitzende der Hoechst AG, Karl Winnacker, setzt sich ebenfalls für ihn ein. Doch auch in diesem Besetzungsverfahren hat er das Nachsehen. In dem entsprechenden Schriftverkehr findet sich der handschriftliche Vermerk von Arnold: „P. Rosbaud erzählte

---

168 Nachlass Münster, Schreiben von Paul Rosbaud vom 4.11.1958.
169 Universitätsarchiv Saarbrücken, Bestand „Kandidaturen Chemie 1957–1964", Lebenslauf von Schmahl vom 4.5.1958.
170 S. Friederike Wißmann, Deutsche Musik, München/Berlin 2015, S. 414.

mir ein halbes Jahr später, er habe in diesem Zusammenhang erzählen hören„ich sei für eine deutsche Fakultät untragbar'." Was kann dieser Satz meinen? Die wissenschaftliche Qualifikation dürfte nicht angesprochen sein, da ist er nicht nur unanfechtbar, sondern eben eine international angesehene Koryphäe. Seine Art zu lehren? Seine Fähigkeit, komplexe Inhalte an Studenten zu vermitteln, hat er in seinen zahlreichen Gastvorlesungen im In- und Ausland unter Beweis gestellt. Auch wenn er vielleicht im Umgang mit Studenten nicht sehr geschickt ist, liegt es näher, als unausgesprochene Begründung seine Vergangenheit im kommunistischen Widerstand zu sehen.

Die Suche nach einer neuen Beschäftigung endet vorläufig mit einer zweijährigen Gastprofessur an der Sorbonne in Paris. Nach Frankreich hat er schon lange gute Beziehungen. 1953 hat er eine Austauschprofessur in Straßburg wahrgenommen und auch am französischen Atomforschungsinstitut nahe bei Paris hat er regelmäßig Vorträge gehalten. Das Leben in der Hauptstadt des 19. Jahrhunderts genießt er in vollen Zügen. Er hat eine Reihe von guten Freunden aus dem Wissenschaftsbetrieb und ist kulturell viel unterwegs, in Konzerten, Museen und Ausstellungen.

Der Mantel des Schweigens in der Schule

Die Eltern schicken alle drei Söhne auf das altsprachliche Lessing-Gymnasium im Nordend. Die Entfernung von der Wohnung ist nicht groß, aber mit einem Tretroller mit Ballonreifen geht es noch deutlich schneller als zu Fuß. Die Schule ist in den noch erhaltenen Räumen des zerbombten, aber ehemals prächtigen Gebäudes untergebracht. Die Lehrer haben alle Krieg und Nationalsozialismus als junge Erwachsene durchlebt, waren an der Front oder haben sich in den zerstörten Städten durchgeschlagen. Sie haben schreckliche Dinge gesehen, vielleicht auch selber grauenhafte Taten begangen. Doch darüber mit den Schülern reden können und wollen sie nicht. Für manch einen sind die Ideale zerborsten, die er als junger Mensch hatte, andere sind traumatisiert und dürfen keine Erinnerung hochkommen lassen. Es bleibt ein Schweigen, bestenfalls gibt es einige das Geschehene verniedlichende Anekdoten. Für die Schüler wird nicht erkennbar, was ihre Lehrer im Krieg durchlebt haben. Sie vermitteln die wenigen Seiten aus den Unterrichtsbüchern als Lernstoff teilnahmslos wie jede andere Periode der deutschen Geschichte.

Aber auch in anderer Hinsicht wird die Kultur des Schweigens und Vertuschens an dem Gymnasium sorgsam gepflegt. Ein sadistisch geprägter Lehrer kann seine Lust unwidersprochen ausleben und die ihm missliebigen Schüler auf widerwärtigste Art quälen und demütigen. Widerspruch wagen weder Eltern noch Schüler. Heranwachsende Jungen lädt er zu sich nach Hause ein, um sich an ihnen zu erregen. Bis weit über seine Pensionierung hinaus bleibt dies ein Tabuthema in der Schule und er kann ungestraft Skifreizeiten organisieren, auf denen er sich ebenfalls manch einem Jungen nähert. Über Jahrzehnte hinweg schaut die Leitung dieses altehrwürdigen Gymnasiums einfach weg und will den guten Ruf der Schule nicht durch einen Skandal beflecken.

Die drei Brüder kommen mit der Schulzeit sehr unterschiedlich zurecht. Johannes wird das Abitur am Lessing nicht schaffen. Er besucht dann das Internat St. Anna in Augsburg und macht dort seinen Abschluss. Thomas gleitet mit geringem Aufwand durch die verschiedenen Klassen und bringt zweimal den Buchpreis als Klassenbester mit nach Hause. Nikolaus quält sich.

Die lateinischen und griechischen Vokabeln wollen partout nicht in seinen Kopf hinein. Selbst mit erheblichem Aufwand gelingt es ihm nur, sich zwischen den Schulnoten drei bis vier zu bewegen. Aber immerhin lernt er durch diese Quälerei zu lernen, was ihm später im Leben durchaus hilfreich ist. Die klassische Bildung und seinen scheinbar allwissenden Vater empfindet er als unerhörten Ballast. Ständig hat er den erhobenen Zeigefinger vor Augen, was er alles nicht weiß, aber wissen müsste. Die natürliche Neugier erhält keinerlei Förderung. Demütigung und Erniedrigung sind keine guten Lehrmeister und noch viel schlechtere Motivatoren.

Träume mit 50 Jahren: Paris und Kultur

Im Jahr 1961 eröffnen sich Arnold etliche Möglichkeiten. Er erhält einen Ruf auf ein Ordinariat in Frankfurt und in Kiel sowie einen Ruf für eine einjährige Gastprofessur an der Indiana University. Doch er entscheidet sich für Frankfurt und wird 1962 zum ordentlichen Professor ernannt. Für das Jahr 1963 hat er die Leitung des neu gegründeten Instituts für Theoretisch-Physikalische Chemie in Aussicht. Er hat also gute Voraussetzungen für seine weitere wissenschaftliche Arbeit. Arnold befindet sich auf dem Höhepunkt seiner Laufbahn, er hat eine große internationale Reputation und eigentlich alles erreicht. Und dennoch spielt er mit dem Gedanken, seine wissenschaftliche Karriere abrupt abzubrechen und sich auf die Kultur zu konzentrieren. Zunächst mutet dieser beabsichtigte Schritt befremdlich an, im Alter von 50 Jahren eine vollkommen neue Aufgabe zu übernehmen. Aber so absurd war der Gedanke nicht – hier würde sich der große Lebensbogen schließen und er könnte wieder seiner Kulturleidenschaft frönen.

Seit 1961 entspinnen sich Gespräche mit dem damaligen Kulturreferenten der Deutschen Botschaft in Paris, Bernhard von Tieschowitz, der Arnold für die Übernahme der Leitung des Goethe-Instituts in Paris gewinnen will. Seine Bitte, eine offizielle Bewerbung an das Auswärtige Amt zu schicken, lehnt Arnold allerdings angesichts der Verhandlungen über die Position in Frankfurt ab. „Das müssen Sie verstehen, Sie sind doch Diplomat." Arnold zieht es nach Paris und er wirbt auch bei Lilly oft für den Umzug in die französische Metropole an die Seine.

Bernhard von Tieschowitz empfiehlt über das Auswärtige Amt Arnold als Leiter des Goethe-Instituts. In den folgenden Jahren werden die Gespräche immer detaillierter und alle Konditionen sind im Einzelnen ausgehandelt. Als Dienstantritt ist der 1.Mai 1964 vorgesehen. Die Aufgabe scheint besonders reizvoll, da ein groß angelegter Neubau für das Goethe-Institut in der Avenue d'Iéna in Arbeit ist, der 1965 eröffnet werden soll.

Doch im Jahr 1963 kommt es aus unerklärlichen Gründen zum Bruch. Das Goethe-Institut hat schon – ohne Arnold davon zu unterrichten – mit einem anderen Aspiranten Verhandlungen aufgenommen und diese zum Abschluss geführt. Dass an ihm kein Interesse mehr besteht, erfährt Arnold über die deutsche Botschaft in Paris. Offiziell versteckt sich das Goethe-Institut hinter dem Auswärtigen Amt, das angeblich die Gehaltsforderungen nicht übernehmen will. Arnold hingegen erläutert in scharf formulierten Schriftsätzen, dass die Gehaltsvorstellungen einvernehmlich mit der Zentrale des Goethe-Instituts in München entwickelt worden seien. Als Hintergrund für die abrupte Wende des Goethe-Instituts kann man vermuten, dass sich dieses vom Auswärtigen Amt keine Personalie diktieren lassen wollte. Arnold vergleicht das Verhalten des Instituts dann mit demjenigen von „Pferdehändlern".

Doch Paris lässt ihn nicht los und auch die diplomatische Laufbahn ist als Thema noch nicht erledigt. Er interessiert sich für die Position als Kulturattaché bei der Botschaft in Paris. Mit seinem Freund Tieschowitz spricht er schon über die Aussicht, dessen Nachfolge als Kulturreferent der Botschaft in Paris anzutreten. Aber die Gespräche scheitern an der Einstufung dieser Tätigkeit, die nicht den Gehaltsvorstellungen Arnolds entspricht. Schließlich taucht die Perspektive des Wissenschaftsattachés auf, eine Position, die in größeren Botschaften neu geschaffen und verhältnismäßig hoch eingestuft werden soll.

Offensichtlich drängt es ihn nach wie vor nach Paris, während Lilly es nicht so sehr an die Seine zieht. Anfang des Jahres 1965 schreibt er ihr zunächst beschwichtigend, aber dann doch etwas drängend: „Wegen des Wissenschaftsattachés brauchst Du keine Sorge zu haben. ... nach allgemeinen Erfahrungen ist es ziemlich sicher, dass die Frage des Pariser Postens frühestens in 2–3 Jahren akut wird. Und dann können wir ja immer noch überlegen, ob wir die letzten Jahre unserer Jugend (geh bloß nicht so mit Deinen lächerlichen 52 hausieren – hier, wo das reifere Alter mit 75 beginnt, machst Du damit keinen Eindruck!) an der Seine verbringen wollen, an deren Strand unser liebes Sorgenkindchen entstanden ist und mit deren Wasser er ohne allen Zweifel getauft worden ist."[171] Doch auch dieser Versuch mit Paris scheitert, da die Stellen für Wissenschaftsattachés letztendlich aus haushaltstechnischen Gründen nicht genehmigt werden.

Die Kinder erfahren von diesen Verhandlungen und dem möglichen Einschnitt in ihr Leben natürlich nichts. Erst viele Jahre später vertraut die Mutter ihnen an, dass ihr Vater Leiter des Goethe-Instituts in Paris werden sollte. Die Familienlegende

---

171 Nachlass Münster, Brief von Arnold an Lilly vom 30.1.1965

sagt, sie habe es nicht gewollt. Denn ihre kieferorthopädische Praxis ist inzwischen etabliert, sie hat viele Patienten und auch wirtschaftlich guten Erfolg. Ihr ist in der Ehe ein großer Schritt der Emanzipation gelungen. Sie muss ihn nicht mehr um Haushaltsgeld bitten, sondern hat selbst ihre Einnahmen, über die sie frei verfügen kann. In Paris jedoch müsste sie – wenn überhaupt – vollkommen neu starten. Aber wahrscheinlich würde ihr statt eines eigenen selbstständigen Lebens die Rolle als Gattin zukommen. Der Mangel an Selbstständigkeit und vor allem die Abhängigkeit von diesem Mann würden ihr sehr missfallen. Das alles ist plausibel und nachvollziehbar. Die Akten jedoch belegen eindeutig, dass nicht Arnold einen Rückzieher macht, sondern das Goethe-Institut. Es wäre im Übrigen auch kaum vorstellbar, dass er einen Vertrag bis in alle Details aushandelt und dann aufgrund des Einspruchs seiner Frau alles fallen lässt. Das würde nicht zusammenpassen.

Emeritierung

Das Ende der universitären Laufbahn Arnolds hat Sillescu sehr präzise und treffend beschrieben: „Das Hessische Hochschulgesetz von 1970 war für viele ältere Ordinarien in Frankfurt ein geradezu zerstörerischer Eingriff in ihr Leben. Arnold Münster, der vorher Direktor des Instituts für theoretisch physikalische Chemie an der Johann-Wolfgang-Goethe-Universität war, wurde schlicht „Professor an einer Universität". Gegen seinen Willen wurde er dem Fachbereich Physik zugeteilt. ... So war es ver-

ständlich, dass er so früh wie möglich seine Emeritierung ein-
reichte, die im Jahr 1977 erfolgte."[172]

Die Zeit an der Universität Frankfurt ist für ihn keine sehr
glückliche. Die internationale wissenschaftliche Anerkennung
und die wissenschaftliche Arbeit geben ihm viel Genugtuung.
Doch sind seine hoch spezialisierten Vorlesungen nur schlecht
besucht. Zum Teil hält er sie vor wenigen Studenten. Dies ist
nicht nur eine Folge der hohen Spezialisierung seines Fachs. Er
gilt unter den Studenten als schwierig. In seinem Auftreten ist er
sehr verschlossen und es ist nicht einfach, mit ihm einen
menschlichen Kontakt zu bekommen.

Hinzu kommen die Studentenunruhen, die ihm nicht nur
Unbehagen, sondern auch Angst bereiten. Er hat sich nach den
schweren Zeiten in Gefangenschaft und Krieg wieder erfolgreich
im Leben eingerichtet und nun stehen erneut Umbrüche mit
allen Unsicherheiten ins Haus. Die Angst und gleichzeitig der
Wille, sich zur Wehr zu setzen, bringen ihn dazu, in seiner
Aktentasche stets eine Pistole mit sich zu tragen. Diese mit Mu-
nition finden die Söhne nach dem Tod der Mutter in einer
Schublade. Voller Ehrfurcht trägt Nikolaus sie zum Polizeire-
vier, um das Teufelsding nur möglichst schnell loszuwerden.
Doch der Polizist, der die Waffe entgegennimmt, beruhigt ihn.
So gefährlich sei sie auch nicht, es handele sich lediglich um eine
Schreckschusspistole.

---

172 Hans Sillescu, Arnold Münster, in „100 Jahre Physik an der Goethe-Universität in
Frankfurt am Main 1914–2014", Hrsg.: Klaus Bethge und Claudia Freudenberger,
Frankfurt am Main 2014, S. 527.

Der Lebenskreis schließt sich: Beethoven und Dante

Nach dem Ende seiner wissenschaftlichen Laufbahn mit der Emeritierung ist der Weg frei, sich mit seiner Leidenschaft, der Kultur und speziell der Musik zu beschäftigen. Die Musik nimmt nun wieder mehr Raum ein und er fokussiert sich auf Beethoven. Aus dem Klavierspiel entwickelt sich ein Forschungsprojekt über das rätselhafte Spätwerk von Ludwig van Beethoven, die Diabelli-Variationen für Klavier. Ein Stück, an dem sich viele Musikergenerationen sprichwörtlich abgearbeitet haben. Nicht zuletzt hat sich der Komponist Hans Zender mit diesem Werk intensiv auseinandergesetzt und es instrumentiert unter dem Titel „33 Veränderungen über 33 Veränderungen". Über seinen Weg dahin berichtet der Komponist in einem Interview: „Ich habe mich mein Leben lang nicht getraut, denn auf der einen Seite bietet sich das Stück dafür an, auf der anderen Seite ist es bereits in einem derartigen Grad modern, dass man sich fragt: Was kann man hier noch ‚moderner' formulieren?" Und weiter „Als Beethoven die Diabelli-Variationen schrieb, hatte er schon ein riesiges Gesamtwerk vorgelegt und eine ganze Epoche formuliert, nämlich die des Subjektivismus. In diesem Spätwerk scheint Beethoven den Subjektivismus nicht nur zu erfüllen, sondern er überschreitet ihn, indem er in diesen 33 Veränderungen 33 Welten und nicht eine einheitliche Welt konstruiert. Es ist ein Jonglieren am Abgrund des Zerbrechens des Ganzen. Das komponierende Ich entdeckt, dass es selbst eine Vielheit und keine Einheit ist. Damit realisiert Beethoven schon Anfang des 19. Jahrhunderts eine Problematik in Tönen, die eigentlich erst zum 20. Jahrhundert gehört."[173]

---

173 Ensemble Modern Newsletter, Nr. 34, 2011, Gespräch von Hans Zender mit Roland Diry.

Bei seiner Forschungstätigkeit über Beethoven kommt Arnold seine hohe Musikalität zugute, ebenso wie sein überragender Intellekt und natürlich auch sein ausgeprägtes gutes Verhältnis zu Zahlen. In einem Aufsatz für die Frankfurter Hefte drückt er aus, was vielleicht auch ein Schlüsselsatz für sein geistiges Leben ist: „Wir wissen auch, dass die künstlerische Schönheit in geheimnisvoller Weise mit den Zahlen verknüpft ist."[174] Entstanden ist seine Forschungstätigkeit aus der musikalischen Praxis. Beim Einstudieren des Werkes entstehen Notizen und die immer intensivere Beschäftigung mit Beethovens letztem großen Klavierwerk fordert schließlich eine wissenschaftliche Bearbeitung heraus. In vielen Diskussionen mit dem Leiter der Schriftenreihe des Beethovenhauses Martin Staehlin wächst schließlich das Werk, das in aller Bescheidenheit „Studien zu Beethovens Diabelli-Variationen"[175] heißt. In der Einleitung betont Staehlin, dass es hier einem nicht ausgebildeten „Musikologen" gelungen ist, einen wichtigen Forschungsbeitrag zu leisten. Hervorzuheben sei aber auch, dass es der Autor verstanden hat, eine hochkomplexe Materie so darzustellen, dass es auch für den Laien lesbar ist.

Welche Mühe Arnold sich gemacht hat und was er von seinem Leser erwartet, fasst er im Schlusswort zusammen: „Wir sind am Ende unserer Betrachtungen angelangt. Sie mögen manchem ziemlich trocken erschienen sein. Aber man kann über ein großes Kunstwerk nur schreiben, indem man sich auf das für den Verstand Fassbare beschränkt, dieses Gebiet allerdings bis zu seiner äußersten Grenze durchschreitet. Denn erst an dieser Grenze, nur für den, der die Mühe des Weges nicht

---

174 Frankfurter Hefte, Heft 2, Mai 1946, 1. Jahrgang, Seite 88.
175 Arnold Münster, Studien zu Beethovens Diabelli-Variationen, Schriften zur Beethovenforschung, München 1982.

gescheut hat, wird sichtbar, was die großen Kunstwerke von den Produktionen kleiner Geister unterscheidet."[176]

In den folgenden Jahren nimmt Arnold sich zweier anderer Giganten der europäischen Kultur an. Er studiert das Verhältnis von Goethe zu Dante. In einem Büchlein arbeitet er den großen Einfluss heraus, den Dante auf Goethe und insbesondere auf den Faust II hatte. Hier schließt sich ein großer Kreis seines Lebens. Wir erinnern uns, die Divina Comedia von Dante hat er von seiner Mutter als Trostspender ins Zuchthaus gebracht bekommen.[177]

Arnold konnte die Kultur nicht zu seinem Beruf machen, aber er war im wahren Sinne des Wortes ein Berufener. Er hat sich an den großen europäischen Köpfen abgearbeitet und sich dabei auf das Wesentliche konzentriert. Seine hohe Intellektualität und seine oft verborgene tiefe Emotionalität kommen auch in der Trauerfeier für ihn zum Ausdruck. Auf seinen Wunsch hin erklingen zwei ergreifende Sätze aus den berühmten späten, schon sehr modernen Streichquartetten von Beethoven, das Adagio von Op. 131 und das Adagio von Op. 132, Die heilige Danksagung eines Genesenen an die Gottheit, in der lydischen Tonart.

Er ist durch die Pforte des Inferno geschritten und war der Hoffnungslosigkeit und Verzweiflung ausgesetzt, hat das Purgatorio durchwandert und bei aller Niedergeschlagenheit auch Zukunftsperspektiven entwickelt. Acht Jahre Zuchthaus mit körperlichen Leiden und Demütigungen und der anschließende Einsatz im Krieg konnten ihn nicht brechen. Er blieb sich treu und baute sich auf den Trümmern der Vergangenheit ein neues

---

176 Ebd., S. 214.
177 Arnold Münster,Über Goethes Verhältnis zu Dante, Frankfurt am Main 1990.

Leben auf. Einen wirklichen Schlussstrich konnte er nicht ziehen, die Vergangenheit holte ihn immer wieder ein. Sein Weg war dann, sich in Schweigen zu hüllen.

Das große Schweigen

Vehement und beharrlich hat sich Arnold gegen alle Versuche gewehrt, die Ereignisse in Münster aufzuklären und zu beleuchten. In den Sechzigerjahren steigt in der Folge der Auschwitzprozesse das Interesse vor allem der Nachkriegsgeneration an der jüngsten Vergangenheit des Landes. Wie konnte so etwas geschehen, welche Verbrechen haben die Täter begangen, wo waren sie heute, wie hat sich manch angesehener Politiker in dieser Zeit verhalten, wer hat Widerstand geleistet? Immer wieder stoßen Studenten und Doktoranden in Münster auf die Widerstandsgruppe Arnolds und auf seinen Namen. Doch das Material ist sehr dünn, kaum zugängliche Akten und nur wenige überlebende Zeugen. Arnold wird immer wieder von jungen Wissenschaftlern auf diese Gruppe angesprochen. Telefonische Anfragen bügelt er ziemlich rüde ab: „Das geht Sie einen feuchten Kehricht an!" Er will mit niemandem darüber sprechen. Und schon gar nicht will er, dass seine Vergangenheit Forschungsthema und Gesprächsgegenstand wird. Es ist vorbei.

Eine Doktorandin schickt ihm einen ausführlichen Fragebogen zum Widerstand gegen die Nazis in Münster mit der Bitte, diesen auszufüllen und damit ihre Forschungsarbeit zu unterstützen. Er weist dieses Anliegen ab und antwortet ihr: „Die fraglichen Ereignisse liegen mehr als vier Jahrzehnte zurück. In dieser Zeit sind meine Erinnerungen, wie ich auch anhand Ihres Fragebogens feststellen konnte, diffus und lückenhaft geworden. Ich muss Sie um Verständnis bitten, dass ich mich dazu heute nicht mehr äußern kann."[178] Er will offensichtlich nicht. Denn sein phänomenales Gedächtnis lässt ihn ganz bestimmt nicht im Stich. In der Familie bleibt das ein Tabuthema, insofern wissen auch die Söhne nahezu nichts über dieses Kapitel seines Lebens. Es ist lediglich das bekannt, was er in seinem Lebenslauf folgendermaßen formuliert: „1935, Januar Verhaftung durch die Gestapo wegen Widerstands gegen das Naziregime, Verurteilung zu acht Jahren Zuchthaus." Aber auch darüber wird nicht geredet. Warum dieses Geheimnis? Was gab es zu verbergen? Widerstand gegen die Nazis gilt – zumindest in Teilen der Gesellschaft – als etwas sehr Ehrenvolles. Das konsequente Schweigen über den Widerstand beschäftigt die Söhne sehr. Das Geraune in der Familie meint, eine junge Arbeiterin habe ihn zum Kommunismus verführt und er schäme sich dessen. Eine andere Variante lautet, er sei im linkskatholischen Widerstand gewesen. Das klingt gesellschaftlich deutlich versöhnlicher und akzeptabler als das böse Wort Kommunismus. Sein Sohn Thomas spricht Arnold in einem Brief 1987 zu seinem 75. Geburtstag noch einmal auf das Thema an: „Es geht mir um Deinen Widerstand gegen die Nazis und Deine Gefangenschaft. ... Gesprochen wurde darüber in der Familie praktisch nicht (im Verschweigen ist unsere Familie überhaupt ziemlich groß). Trotzdem wusste ich davon, soweit ich zurückdenken kann. Immerhin. Und es war immer sehr wichtig für mich." Und zum Ende schreibt er: „Zum Schluss noch mal zurück zum – von Dir besonders gepflegten – Familienschweigen. Es wäre ganz gut, wenn Du öfters redetest, ohne dass man Dir alles einzeln aus der Nase ziehen muss."[179]

---

178 Nachlass Münster, Brief von Arnold an Gisela Schwarze vom 31.10.1977.
179 Nachlass Münster, Brief von Thomas an Arnold vom 16.5.1987.

Arnold begründet in seiner Antwort auf den Brief seine Zurückhaltung zu dem Thema:

„Zunächst zum Kapitel Schweigen. Ich glaube nicht, dass das eine angeborene Eigenschaft bei mir ist. Aber ich war zwei Jahre in Einzelhaft und hatte – abgesehen von gelegentlichen Besuchen der Anstaltsgeistlichen – überhaupt keinen Gesprächspartner. Später war ich nicht mehr in Einzelhaft, aber einen Gesprächspartner habe ich nur in ganz seltenen Ausnahmefällen gefunden. Dann ist zu bedenken, dass ich zehn Jahre lang jedes Wort – gesprochen oder geschrieben – auf die Goldwaage legen musste, weil ein falsches Wort mein Leben aufs Spiel setzte. Das sind Erfahrungen, deren Spuren sich niemals verwischen. Viel später habe ich übrigens noch manches erlebt, was in der gleichen Richtung liegt, wenn es dabei auch nicht mehr um mein Leben ging. Aber es mag zur Schweigsamkeit etwas beigetragen haben."

Hier deutet er nur an, worüber er ebenfalls nie ein Wort verloren hat und was sich in den Unterlagen des Nachlasses gefunden hat: seine Erfahrungen mit den auch nach dem Krieg hervorragend funktionierenden Netzwerken der Altnazis. Zudem war es aber auch in der Mitte der Gesellschaft in den Fünfziger- und Sechzigerjahren keine Auszeichnung, im kommunistischen Widerstand gewesen zu sein. In seinem Brief an Thomas resümiert Arnold dann: „Der wesentliche Punkt aber ist, dass die Genese der Angelegenheit so komplex ist, dass es schon für mich selbst schwer ist, sie einigermaßen zu entwirren. Und hier liegt auch der Grund dafür, dass ich zu Dir und Deinen Brüdern nur sehr wenig über diese Dinge gesprochen habe. Es wäre ein hoffnungsloses Unterfangen, Euch dies alles verständlich zu machen, und deshalb werde ich einen solchen Versuch sicher nicht unternehmen."[180]

Er will sich nicht mehr damit auseinandersetzen. Wieder auflebende Erinnerungen an dieses Trauma würden ihn stark belasten. Wie seine ganze Generation setzt er auf Verdrängen der schrecklichen Ereignisse und auf den Blick in die Zukunft. Vielleicht hat er aber auch die Empfindung, er habe sich durch die Widerstandsarbeit um wertvolle Jahre seines Lebens betrogen. Er meldet sich auch nicht als Opfer der Nazis zu Wort. Schon Anfang der Fünfzigerjahre tritt er aus der Vereinigung der Verfolgten des Naziregimes wieder aus. Dem starken und selbstbewussten Arnold widerstrebt es, sich als Opfer zu bezeichnen. Und ein Held? Die Heldenpose liege ihm nicht, meint er in eben diesem Brief an Thomas. Er selbst scheint nur noch wenig Positives in seiner Widerstandsaktion zu sehen.

Sein Schweigen hat aber auch eine Ursache in dem gesellschaftlichen Klima nach dem Krieg in der Bundesrepublik, wie Arnold es in seinem Brief andeutet. Arnold und Lilly sind inzwischen im konservativen Lager angekommen. Haben sie in den Fünfzigerjahren noch die linksliberale Frankfurter Rundschau abonniert, sind sie inzwischen zur konservativen FAZ gewechselt. Sie bewegen sich in den sogenannten gehobenen Kreisen. Ihre Freunde kommen vor allem aus dem beruflichen Umfeld Arnolds: Wissenschaftler und Führungskräfte von Universitäten und Unternehmen, Vertreter von Diplomatie und Politik. Andere Verbindungen laufen über den Lions-Club oder auch die Präsidentschaft Arnolds in der Deutsch-Französischen Gesellschaft. Cocktailpartys, Empfänge und gesellschaftlich hochrangige Essenseinladungen kommen häufig vor.

---

180 Ebd., Brief von Arnold an Thomas vom 29.5.1987.

In dieser Gesellschaft ist es weder opportun, selber im kommunistischen Widerstand gewesen zu sein, noch einen Rebellen oder Kommunisten als Sohn zu haben. Im Bürgertum ist Widerstand gegen Hitler vor allem mit dem Attentatsversuch des 20. Juli 1944 verbunden. Die Widerstandsgruppe um Graf von Stauffenberg hat deutlich gezeigt, dass nicht alle Deutschen mit Hitler einverstanden waren und vor allem auch die Bürgerlichen und Konservativen ihn nicht hingenommen haben, dass es selbst in den obersten Funktionen der Nazis anständige Menschen gegeben hat. Ein Gedankengang, der auch Arnold nahelag, zumal seine Begnadigung seinerzeit von einem Mitglied des persönlichen Stabes des SS-Reichsleiters Heinrich Himmler unterstützt wurde. Diesem war er auch nach dem Krieg in tiefer Dankbarkeit verbunden.

Allerdings ist die starke Fokussierung auf diese Aktion eine sehr reduzierte Sichtweise. Helmut Ortner schreibt dazu: „So gilt der 20. Juli bis heute als Synonym für ein anderes, demokratisches Deutschland, als moralischer Lichtblick im verbrecherischen Naziregime. Beides ist in dieser unzulässigen Pauschalisierung fragwürdig. Mehr noch: Im Vergleich mit der großen Anzahl vieler Deutscher, die als Kommunisten, Sozialisten oder Gewerkschafter, als radikale Christen oder als Freidenker, allein oder in Gruppen, ohne Rang oder Namen, Widerstand leisteten und dafür verfolgt wurden, ist die Würdigung des 20. Juli geradezu unverhältnismäßig. Eine Mystifizierung Weniger, die den Blick auf die Vielen verstellt."[181]

Auf unbestimmte Weise hat Arnolds Vater Rudolf Münster schon früh geahnt, dass die Widerstandsaktion seines Sohnes

---

181 Helmut Ortner, Der Hinrichter, Roland Freisler, Mörder im Dienste Hitlers, Frankfurt am Main 2009, S. 251.

lange keine Heldengeschichte werden würde. In seinen Erinnerungen schreibt er: „In den letzten Wochen habe ich meine Akten – ein umfangreiches Bündel – über Arnolds Schicksalsjahre 1935–1943 bis auf wenige Stücke vernichtet. Arnold meinte bei letzter Anwesenheit, ich solle sie noch verwahren. Aber es schien mir äußerlich nicht ratsam, sie der Einsichtnahme durch Dritte auszusetzen, die immerhin zu besorgen war, und weiter – wozu soll die Aufbewahrung dienen?! Die Schicksalsjahre mit ihrer Unsumme von schwerstem Leid, von immer wieder erneuten Versuchen, es zu mildern, von ständigen Enttäuschungen bitterster Art, bis gegen Ende eine erträgliche Wendung und dann die Erlösung kam – sie bleiben ein lebendiges Denkmal des Höchstmaßes von Elternliebe, das in Arnolds Herzen lebendig bleiben wird!"[182] Es schien ihm nicht ratsam, die Akten der Einsicht Dritter auszusetzen. Wie recht er zumindest für die beiden ersten Jahrzehnte nach dem Krieg haben sollte.

Als Arnold im Jahr 1990 im Alter von 78 Jahren stirbt, nimmt er sein Wissen über die Vorgänge mit ins Grab. Für uns Söhne gibt es keine Hoffnung mehr, nun noch Aufklärung über die Widerstandsgruppe und seine Rolle in ihr zu bekommen. Auch wenn dieses Thema an uns dreien weiterhin nagt, so müssen wir uns mit den Gegebenheiten abfinden. Sein Nachlass geht erst zwanzig Jahre später, nach dem Tod seiner Frau Lilly, auf uns über. Doch die in Sütterlin geschriebene Autobiografie seines Vaters, viele Briefe, Notizen und weitere Dokumente bleiben zunächst unbeachtet und unbearbeitet.

Einige Jahre später gibt es jedoch eine überraschende Wende. Zu Beginn des Jahres 2014 nimmt sich in Münster Dieter Wever nach seiner Pensionierung der Erforschung der Widerstands-

---

182 Rudolf Münster, Autobiografie, Teil II, S. 127.

gruppe an. Er beginnt nun die Entstehung, die Aktionen und die Zerschlagung der Gruppe durch die Verhaftungen zu ergründen. In zahlreichen Archiven wird er fündig und er gräbt sogar die in Berlin lagernden und erst nach der Wiedervereinigung Deutschlands zugänglichen Gerichtsakten wieder aus. Ein Jahr später legt Wever eine fundierte Analyse der Gesamten Widerstandsaktion vor. Diese Grundlagenarbeit animiert mich dann dazu, sämtliche noch vorhandene Akten von Briefkopien über handschriftliche Notizen bis zu Bewerbungsschreiben penibel aufzuarbeiten. So ergibt sich die Möglichkeit, einzelne scheinbar belanglose Informationen in das große Mosaik einzufügen und dadurch den Zusammenhang zu erschließen. Während dieser Arbeit entsteht für mich erstmals ein Bild der Persönlichkeit meines Vaters, eine Vorstellung darüber, was für ein Mensch er war und was er alles durchlebt hat.

Lillys Lebensabend

Als Arnold 1990 stirbt, ist es zunächst noch ihre Praxis, die Lilly Halt für ihr Leben gibt. Aber mit achtzig Jahren meint sie, es sei genug, und sie verkauft diese an eine Nachfolgerin. Lilly ist noch rüstig und tatendurstig. Sie unternimmt große Reisen mit einer Freundin oder dann doch lieber alleine. Unter anderem fährt sie mit ihrem Sportcoupé den spanischen Teil des Jakobsweges ab. Ihre runden Geburtstage feiert sie weiterhin opulent, meist im traditionsreichen Hotel Hessischer Hof. Doch Freunde und Verwandte werden weniger, die Gesellschaften werden kleiner.

Das Autofahren gibt sie kurz vor ihrem neunzigsten Geburtstag auf. Sie hat am Hauptfriedhof Bremse und Gas verwechselt und war mit der Friedhofsmauer zusammengeprallt. Doch schon vorher gibt es mehrere Merkwürdigkeiten. Nachdem sie einen Vortrag in der jüdischen Gemeinde von Marcel Reich-Ranicki gehört hat, kann sie den Wagen nicht mehr finden und meldet ihn als gestohlen. Erst Wochen später wird das Auto im Westend von der Polizei gefunden. Nicht weit von dem jüdischen Gemeindezentrum entfernt, wo der Vortrag stattgefunden hat.

Aber Lilly ist nicht unterzukriegen. Sie bleibt zupackend und entscheidungsfreudig. Nie würde sie wichtigere Dinge mit einem ihrer Söhne besprechen. Sie handelt ohne jegliche Vorankündigung: „Ich gehe morgen ins Krankenhaus und lasse mir für alle Zähne auf einmal Implantate anfertigen und einsetzen." Oder: als sich Nikolaus und seine Frau Carolin vor ihrem Urlaub von ihr verabschieden wollen: „Da bin ich im Krankenhaus und lasse mir ein künstliches Knie einsetzen." Damit hatten sie nicht gerechnet. Sollten sie unter diesen Umständen noch in Urlaub fahren? Doch am Nachmittag nach der Operation ist Lilly fast schon wieder quietschfidel, sodass sie die Reise nicht absagen müssen. Für Lilly wird mit fortschreitendem Alter eine Leere des Lebens wahrnehmbar. Sie empfindet sich selbst zunehmend als überflüssig und nutzlos und leidet immer mehr darunter.

Zum 80. Geburtstag des kleinen Bruders Hans wollen Nikolaus und Carolin mit ihr gemeinsam nach Augsburg fahren. Sie wollen sie in ihrer Wohnung abholen. Klingelnd stehen sie vor der Tür. Von innen ruft Lilly: „Ich glaube ich werde jetzt deppert, ich kann nicht mehr gehen." Was soll das denn heißen? Mit einem Zweitschlüssel öffnet Nikolaus die Wohnungstür. Es bietet sich den beiden ein tragikomisches Bild. Lilly steht im Nachthemd auf einem Besenstil gestützt im Flur. Carolin sieht als Ärztin sofort, was los ist. Die Fußstellung weist eindeutig auf einen Oberschenkelhalsbruch hin. Sie will den Krankentransport rufen – Lilly protestiert heftig. Die paar Schritte ins Krankenhaus könne sie ja doch wohl noch gehen – was sollen denn die Nachbarn sonst denken. Doch so ganz leicht fällt ihr das Gehen dann doch nicht, sie gibt klein bei und der Krankentransport kommt. Als der Arzt im Krankenhaus sie versorgt, bleibt ihm die Spucke weg. Er weiß gut um die höllischen Schmerzen, die Patienten mit Oberschenkelhalsbruch erleiden müssen, wenn sie geröntgt werden. Von ihr kommt kein Muckser. Ein Indianer kennt keinen Schmerz. Von dem Bruch erholt sie sich wieder recht gut.

Lilly beginnt erst abzubauen, als ihr die Makuladegeneration einen Streich spielt. Da sie keine Schwäche zugeben kann, versucht sie zunächst das schlechtere Sehen zu übergehen und zu leugnen. Aber irgendwann geht das nicht mehr. Die Ärzte können nichts mehr gegen die heimtückische Krankheit unternehmen. Ein Lesegerät muss her, damit sie wenigstens noch die Post bearbeiten kann. Der Alltag wird für sie beschwerlicher. Einkaufen kann sie noch solange sie den gewohnten Supermarkt erreicht, dessen Einrichtung und Anordnung sie bestens kennt. Als dieser schließt und umzieht, wird es schwieriger. Manchmal bringt sie Dinge mit, die sie ganz und gar nicht kaufen wollte, wie zum Beispiel einmal ein Paket mit Lockenwicklern. Riesige Blutergüsse trägt sie davon, als sie bei einer Grundsanierung ihrer Wohnstraße in ihrer Blindheit in die Baugrube stürzt. Natürlich spielt sie auch diesen Sturz herunter – wie immer. Durch die Makuladegeneration fällt ihre wichtigste geistige Anregung, das Lesen, weg. So bleibt es ihr nur noch, sich vor den Großbildfernseher zu setzen und sich von dem Programm berieseln zu lassen.

Ein letztes Aufbäumen gibt es, als Lilly mehr und mehr Hilfe benötigt. Natürlich will sie es nicht dulden, dass eine Pflegerin in ihrer Wohnung lebt. Doch nach vielen Diskussionen gibt sie nach und zeigt sich einsichtig. Ganz anders bei dem routine-mäßigen Interview beim Beantragen einer Pflegestufe. „Können Sie sich denn noch selbstständig waschen?" „Ja, was meinen sie denn, selbstverständlich." Leider entspricht das nicht der Realität, das ist ihr schon länger nicht mehr möglich. Ihr auf-regendes Leben geht nach fast einem Jahrhundert dem Ende zu. In Ihrem letzten Lebensjahr ist sie schon meist wie abwesend und nur noch wenig ansprechbar. Ihre Erlösung findet sie im August 2010.

Nachbemerkung

Die Anregung für diese Arbeit habe ich zwei Forschern zu ver-danken, die sich mit Arnold beschäftigt haben. Prof. Dr. Hans Sillescu hat eine Biografie über meinen Vater geschrieben unter dem Aspekt seiner wissenschaftlichen Leistungen und Dieter Wever hat die für mich bis dahin weitgehend unbekannte Widerstandsaktion gegen die Nazidiktatur in Münster unter führender Beteiligung meines Vaters aufgearbeitet. Erst durch Sillescu erfuhr ich von dem hohen wissenschaftlichen Niveau der Arbeit meines Vaters, dass er auf seinem Gebiet der statis-tischen Thermodynamik eine internationale Koryphäe war. We-ver deckte durch seine äußerst verdienstvolle Forschung vieles auf und machte wieder zugänglich, was uns unser Vater zu sei-nen Lebzeiten verschwiegen hatte. Es war eine aufwühlende Zeit, die Berichte von Wever zu lesen und mit ihm zu sprechen und immer klarere Konturen von den Ereignissen zu bekom-men.

Diese beiden Forschungen haben mich dazu veranlasst, die noch vorhandenen Familiendokumente zu studieren und auch meine eigenen Erinnerungen niederzulegen. Es ist ein Glück gewesen, dass mein Vater von seiner Briefkorrespondenz in aller Regel handschriftliche Kopien angefertigt hatte, die zum großen Teil in dem Nachlass noch erhalten waren. Für mich war die Lektüre vieler Aufzeichnungen und Briefe die Begegnung mit einem Vater, den ich so nicht kannte: ein emotionaler und einfühlsamer Mensch, der in seinem Leben sowohl das Inferno als auch das Paradiso kennengelernt hatte.

Nach einer ersten längeren Arbeitsphase wurde mir jedoch klar, dass noch viel mehr festzuhalten und zu bewahren ist als die Widerstandsgeschichte meines Vaters. Die Geschichte seiner Familie birgt viel Aufregendes und Erhellendes. Aber auch seine Frau Lilly war auf ganz andere Art eine außergewöhnliche Persönlichkeit. Mit ihrem Lebenslauf sind zudem viele Personen der Zeitgeschichte verknüpft. Ihr Leben wirft wieder einen ganz anderen Blick auf das vergangene Jahrhundert. Beide Biografien sind vollkommen unterschiedlich, aber eben auch über lange Zeit eng miteinander verknüpft.

Ich habe versucht, die Geschichten dieser beiden Persönlichkeiten im Rahmen der jeweiligen historischen Umstände nachzuzeichnen, sodass es verständlich und nachvollziehbar auch für denjenigen wird, der mit der Geschichte des vergangenen Jahrhunderts nicht so vertraut ist. Dabei habe ich mich hinsichtlich der Ereignisse in Münster sehr stark auf die Darstellung von Wever gestützt und auch an sie angelehnt. Die meisten von Wever aufgetanen Quellen habe ich ebenfalls studiert und in wichtigen Teilen folge ich seiner Darstellung. In manchen Aspekten teile ich seine Meinung nicht.

Mein Ziel war es, die Zusammenhänge für nachfolgende Generationen nachvollziehbar zu erhalten und sie damit vor dem Vergessen zu bewahren.

Dank

Mein erster Dank gilt den beiden Autoren, die die Grundsteine für die Arbeit gelegt haben: Dieter Wever, der den Widerstand in Münster erforscht hat, und Hans Sillescu, der das hohe Niveau der wissenschaftlichen Tätigkeit meines Vaters beleuchtet hat. Während meiner Arbeit hat mich die Zuverlässigkeit und die Servicefreundlichkeit der verschiedenen Archive begeistert, die mir als Laien immer hilfreiche Auskünfte geben konnten. Im Einzelnen möchte ich erwähnen Hans-Jürgen Höötmann vom Archiv des Landesverbandes Westfalen Lippe, Dr. Sabine Eibl und Dr. Peter Klefisch vom Landesarchiv Nordrhein-Westfalen, Manuel Fix vom Bundesarchiv, Dr. Peter Gohle vom Bundesarchiv Außenstelle Ludwigsburg, Ute Aschwer vom Stadtarchiv Münster, Ursula Konnertz, Leibniz Kolleg der Universität Tübingen, Dr. Jürgen Treffeisen vom Landesarchiv Baden-Württemberg, Dr. Wolfgang Müller vom Universitätsarchiv Saarbrücken. Danken möchte ich auch meiner Cousine Franca Peters für eine inspirierende Idee, Uwe Wittstock für zahlreiche Anregungen und Korrekturen sowie meiner lieben Frau Carolin Hornack für kritisches Gegenlesen.

Literaturliste

Baumeister, Dr. med. Julia Dorothee, Hormone und Geburtenförderung, Leben und Werk des Heidelberger Gynäkologen Hans Runge (1892–1964), Dissertation 2006, Med. Fakultät Universität Heidelberg

Diebner, Sylvia, Ludwig Curtius, Ein Archäologe als Schriftsteller, in „Kritische Berichte, Zeitschrift für Kunst und Kulturwissenschaften", Heft 1, 2009, 37. Jahrgang

Dirks, Walter, Lob eines unbequemen Zeitgenossen, in „Engagement zum Frieden", Peter Heitkemper, Münster 1982

Dirks, Walter, Nachlass, Friedrich-Ebert-Stiftung

Dirks, Walter, Der singende Stotterer, Autobiografische Texte, München 1983

Ellenberger, Wolfram, Zeit der Zauberer, Stuttgart 2018

Ensemble Modern Newsletter, Nr. 34, 2011, Gespräch von Hans Zender mit Roland Diry

Frankfurter Hefte, Zeitschrift für Kultur und Politik, Frankfurt 1946

Hamann, Brigitte, Winfried Wagner oder Hitlers Bayreuth, München 2009, 5. Auflage

Hasselbring, Bettina, Nachruf auf Clemens Münster, in „Rundfunk und Geschichte, Mitteilungen des Studienkreises Rundfunk und Geschichte", Nr. 2/3 April/Juli, 1998, 24. Jahrgang

Jähner, Harald, Wolfszeit, Deutschland und die Deutschen
1945–1955, Berlin 2019

Jahrbuch der öffentlichen Meinung 1958–1964,
Hrsg.: Elisabeth Noelle und Erich Peter Neumann, Bonn 1965

Kapp, Dr. Franz, Zur Unfruchtbarmachung bei angeborenem
Schwachsinn und über ihre Bedeutung im Kampf gegen
Kriminalität und Asozialität, in „Monatsschrift für Kriminal-
biologie und Strafrechtsreform, München/Berlin 1939

Klausch, Hans-Peter, „Erziehungsmänner" und
„Wehrunwürdige", Die Sonder- und Bewährungseinheiten
der Wehrmacht", in „Die anderen Soldaten",
Hans-Peter Klausch, Frankfurt am Main 1997

Kuropka, Joachim, Münster in der nationalsozialistischen Zeit,
in „Geschichte der Stadt Münster", Hrsg.: Franz-Josef Jakobi,
Münster 1993

Kuropka, Joachim, Meldungen aus Münster 1924–1944,
Münster 1992

Kuropka, Joachim, Galen, Wege und Irrwege der Forschung,
Münster 2015

Kuropka, Joachim, Widerstand gegen den Nationalsozialismus
in Münster, www.lwl.org/westfaelische-geschichte/txt/wz-9355.
pdf, S. 163, aufgerufen am 12.3.2019

Leonhard, Jörn, Der überforderte Frieden,
Versailles und die Welt 1918–1923, Bonn 2019

Löffelsender, Dr. Michael, Vortrag NS-Dokumentationszentrum Köln am 16.3.2012

Müller, Friedrich von, Goethes Unterhaltungen mit dem
Kanzler Friedrich von Müller, Hrsg.: Burkhardt, Stuttgart 1870

Münster, Arnold, Studien zu Beethovens Diabelli-Variationen,
Schriften zur Beethovenforschung, München 1982

Münster, Arnold, Über Goethes Verhältnis zu Dante,
Frankfurt am Main 1990

Münster, Clemens, Scherben, Die Erinnerungen
des Georg C., Köln 1964

Münster, Rudolf, Autobiografie handschriftlich
in zwei Teilen

Münster-Curtius, Lilly, handschriftliche biografische
Aufzeichnungen

Münsterischer Anzeiger vom 1. August 1935

Nachlass Münster

Ortner, Helmut, Der Hinrichter, Roland Freisler,
Mörder im Dienste Hitlers, Frankfurt am Main 2009

Polska Zachodnia (Tageszeitung für Westpolen),
Nr. 55 vom 25. Februar 1934

Prümm, Karl, Walter Dirks und Eugen Kogon,
Heidelberg 1984

Rauh, Reinhold, Lola Montez, Die königliche Maitresse, München 1996

Rest, Walter, Der Philosoph Peter Wust und Mecklenbeck, in „Mecklenbeck, Von der Bauernschaft zum Stadtteil ", Hrsg.: Karlheinz Pötter, Münster 1979

Rest, Walter, Pflicht zu Entscheidung und Wagnis, Frankfurter Hefte, Heft 2 Mai, 1946

Schefold, Karl, Schöpfung und Erneuerung in Ludwig Curtius' Lebenswerk, in Sonderdruck aus Mitteilungen des Deutschen Archäologischen Instituts, Römische Abteilung, Band 82, 1975

Schlüter, Clemens, Cephalopoden, Reprint Goldschneck-Verlag Werner K. Weidert, Korb 1991, Vorwort von Wolfgang Riegraf und Udo Scheer

Sillescu, Hans, Arnold Münster, in „100 Jahre Physik an der Goethe-Universität in Frankfurt am Main 1914–2014", Hrsg.: Klaus Bethge und Claudia Freudenberger, Frankfurt am Main 2014

Sombart, Nicolaus, Rendezvous mit dem Weltgeist, Frankfurt am Main 2000

Stegemann, Wolf, Ein feiner Herr aus gutem Hause, Warum der Recklinghäuser Gestapo-Chef freigesprochen und sein Untergebener verurteilt wurde, in "Dorsten nach der Stunde null, die Jahre danach, 1945–1950", Dorsten 1986

Straub, Eberhard, Die Furtwänglers, München 2008

Thiesen, Stefan, Strafvollzug in Köln 1933–1945, Berlin 2011

Vernekohl, Wilhelm, Der Philosoph von Münster,
Münster 1950

Wassermann, Günter und Wincierz, Peter,
Das Metall-Laboratorium der Metallgesellschaft AG
1918–1981, Frankfurt am Main 1981

Westfälische Tageszeitung vom 23.1.1945

Wever, Dieter, Zum Gedenken an Arnold Münster,
in „Es ist mit einem Schlag alles so restlos vernichtet,
Opfer des Nationalsozialismus an der Universität Münster",
Hrsg.: Sabine Happ und Veronika Jüttemann, Münster 2018

Wever, Dieter, Das Zuchthaus Münster im
Nationalsozialismus, Münster 2013

Wißmann, Friederike, Deutsche Musik,
München/Berlin 2015

Eckert, Wolfgang U., Sellin, Volker, Wolgast, Eike (Hrsg.),
Die Universität Heidelberg im Nationalsozialismus,
Heidelberg 2006

Schelting, Karl B. (Hrsg.), Zeugen des Jahrhunderts,
Wirtschaft und Gesellschaft, Walter Dirks im Gespräch
mit Ingo Hermann, Frankfurt am Main 1981

Süddeutsche Zeitung 12./13.11.1955

Archive:
Bundesarchiv Berlin
Landesarchiv Nordrhein-Westfalen
Archiv des Landesverbandes Westfalen-Lippe
Stadtarchiv Münster
Universitätsarchiv Saarbrücken